처음 시작하는 스트링아트

처음 시작하는 스트링아트

ⓒ김지현 2016

초판1쇄 발행 2016년 9월 26일
초판2쇄 발행 2019년 6월 7일

지은이 김지현

펴낸이 김재룡
펴낸곳 도서출판 슬로래빗

출판등록 2014년 7월 15일 제25100-2014-000043호
주소 (139-806) 서울시 노원구 동일로183길 34, 1504호
전화 02-6224-6779
팩스 02-6442-0859
e-mail slowrabbitco@naver.com
블로그 http://slowrabbitco.blog.me
포스트 post.naver.com/slowrabbitco
인스타그램 instagram.com/slowrabbitco

기획 강보경 **편집** 김가인 **디자인** 변영은 miyo_b@naver.com

값 16,800원
ISBN 979-11-86494-20-2 13630

「이 도서의 국립중앙도서관 출판시도서목록(CIP)은 서지정보유통지원시스템 홈페이지(http://seoji.nl.go.kr)와
국가자료공동목록시스템(http://www.nl.go.kr/kolisnet)에서 이용하실 수 있습니다.(CIP제어번호: CIP2016021211)」

실 하나로 내 방의 품격이 완성된다

처음 시작하는
스트링아트

김지현 지음

슬로래빗

Contents

스트링아트를
시작하기 전에

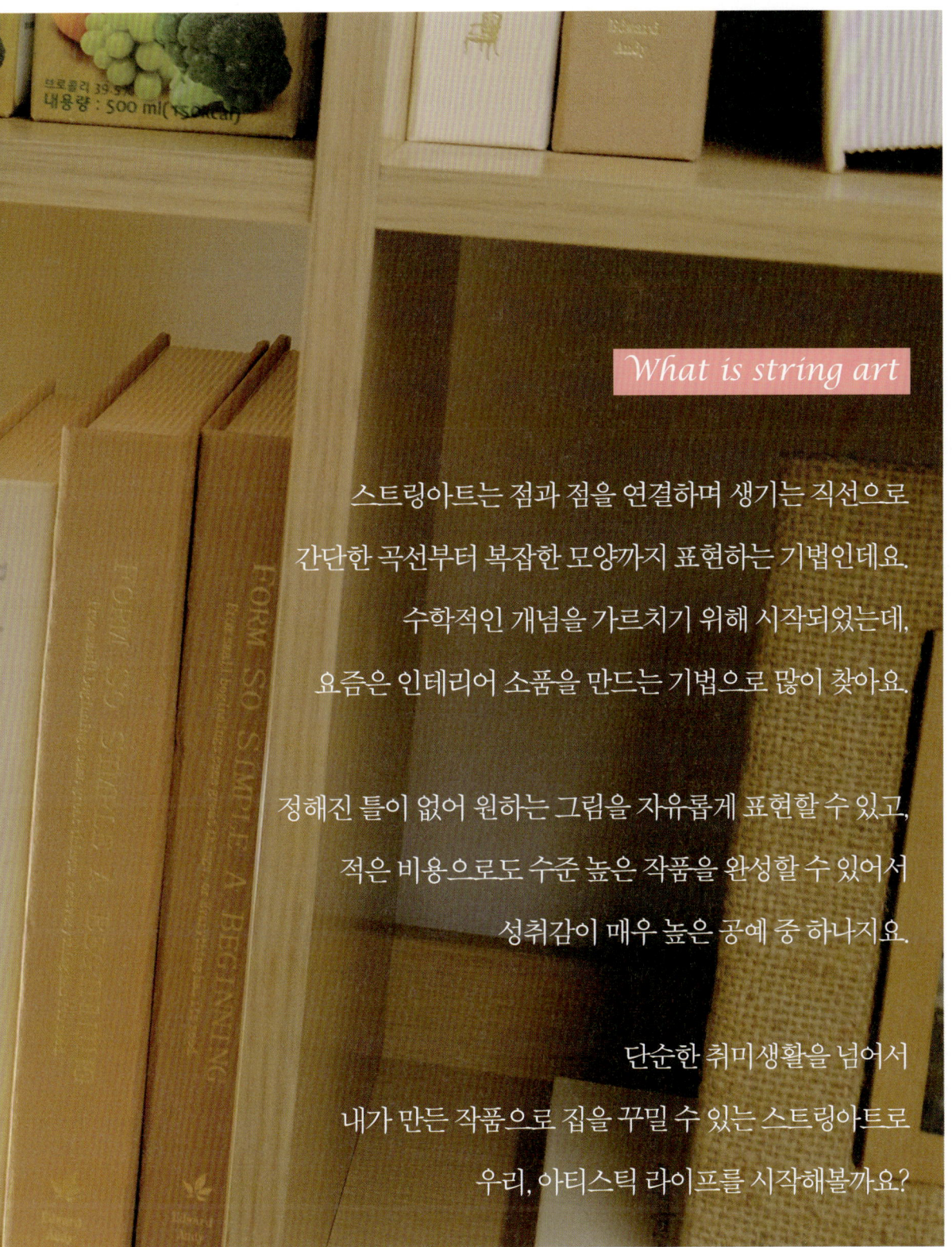

What is string art

스트링아트는 점과 점을 연결하며 생기는 직선으로

간단한 곡선부터 복잡한 모양까지 표현하는 기법인데요.

수학적인 개념을 가르치기 위해 시작되었는데,

요즘은 인테리어 소품을 만드는 기법으로 많이 찾아요.

정해진 틀이 없어 원하는 그림을 자유롭게 표현할 수 있고,

적은 비용으로도 수준 높은 작품을 완성할 수 있어서

성취감이 매우 높은 공예 중 하나지요.

단순한 취미생활을 넘어서

내가 만든 작품으로 집을 꾸밀 수 있는 스트링아트로

우리, 아티스틱 라이프를 시작해볼까요?

Materials of string art

스트링 아트의 재료는 그야말로 무궁무진합니다. 다른 공예와의 접목도 쉬워서 작품에 따라 조금씩 차이가 날 수 있지만, 주로 많이 쓰이는 재료는 다음과 같아요.

망치 못을 박을 때 사용합니다. 가구를 조립하는 것처럼 힘이 많이 들지는 않더라도 한두 개의 못을 박는 게 아니기 때문에 손에 잘 맞는 망치를 선택해야 해요. 못이 제대로 안 박히는 경우도 있으니, 한쪽 면은 못을 뽑을 수 있는 장도리를 사용하면 편해요.

못 나무에 박을 수 있는 못을 사용합니다. 다양한 종류의 못이 있지만, 이 책에서는 스트링아트에서 많이 사용되는 22mm 길이의 도금된 신주멕기못(이하 신주못)으로 작품을 만들었어요.(신주못 22mm 100개는 대략 35g)

실 다양한 색이 마련되어 있는 십자수 실을 주로 쓰는데요. 그 밖에도 털실, 마끈, 공예끈, 포장끈 등을 사용하기도 합니다. 이 책에서는 6줄로 된 DMC 25번 면사를 가르지 않고 6줄 그대로 썼어요. 참! 실을 느슨하게 쥐고 작품을 만들면 실이 흩어질 수 있으니 팽팽하게 잡아주세요!

구자말이 집게(롱노우즈) 못 간격이 촘촘해서 손으로 못을 잡기 어려울 때 이 집게로 못을 잡으면 못 박기가 한결 쉽답니다.

목공풀 실 엮기를 마무리할 때 자투리 실을 지저분하지 않게 정리하기 위해 필요합니다.

배경 판 높이 12t(12mm) 이상의 나무판을 주로 사용합니다. 아이들과 작품을 만들 때는 못을 박기 쉽도록 우드락을 쓰기도 해요.

MDF(Medium Density Fiberboard) 톱밥을 아주 잘게 분쇄한 후 압축해서 만든 목재로, 재질이 균질, 치밀하고 표면이 평활하여 못 박기가 좋습니다. 또한, 페인트나 아크릴물감으로 표면을 처리하면 다양하게 연출할 수 있어서 많이 사용하는 소재랍니다.

삼나무 집성목 가공이 쉽고 무늬가 예뻐서 DIY 가구를 만들 때 많이 사용하는 나무인데요. 옹이 부분에는 못 박기가 힘들어서 그 부분은 피해서 작업해야 합니다. 참! 피톤치드가 나와 건강에도 좋아요!

미송 집성목 원목 느낌의 무늬와 색감은 그대로 있으면서도 옹이가 없이 마감되어 못을 박기 쉬워요. 작품 완성도도 높아서 선호하는 소재입니다.

우드락 두께가 10t(10mm) 이상인 우드락을 사용합니다. 쉽게 구할 수 있어서 처음 스트링아트를 시작할 때 연습 삼아 하기 좋은 재료이지요. 망치질하지 않고 손으로 못을 누르기만 해도 되기 때문에 아이들과 함께 만들 때 좋답니다. 하지만 못 고정이 잘 안 되니 못이 빠지지 않도록 목공풀로 고정해주세요!

사포 나무판의 거친 부분을 부드럽게 할 때 필요해요. 주로 사용되는 사포는 120방, 320방, 1,000방인데, 방수가 높을수록 부드럽게 사포질할 수 있습니다. 거친 사포로 연마한 후 고운 사포로 마무리하면 좋아요.

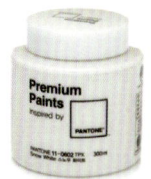

페인트 나무판 위에 색을 입힐 때 필요해요. 스트링아트를 할 때는 빨리 마르는 수성 페인트를 주로 사용합니다.

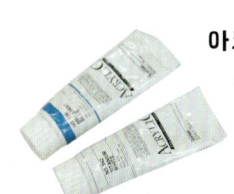

아크릴물감 나무판 위에 색을 칠하거나 그림을 그릴 때 사용합니다.

바니쉬 흔히 '니스'라고도 불리는 것으로 나무판을 보호하기 위한 코팅제입니다. 표면에 얇은 피막을 형성하여 습기에 강하게 하고 광택 효과를 낼 수도 있어요.

도안 이용하기

도안을 오려서 나무판에 테이프로 고정해주세요. 모눈이나 동심원을 기준으로 도안을 오리면 나무판에 붙일 때 중심 잡기가 수월해요.

못을 다 박은 후에 도안을 뜯어주세요. 못이 촘촘하거나 못에 종이가 낀 부분은 핀셋 또는 족집게를 이용하면 좋아요.

PLUS TIP 1

도안을 재활용하고 싶거나 못을 많이 박아야 할 경우, 도안을 놓고 못 박을 자리를 먹지(Carbone paper)나 못질로 표시한 후에 도안을 치우고 못을 박아주세요.

PLUS TIP 2

도안의 회색 선은 테두리를 이어야 하는 곳이에요. 실을 엮다가 테두리가 헷갈릴 때는 작품 과정을 설명한 맨 윗부분의 작은 도안을 보시면 됩니다.

못 박기

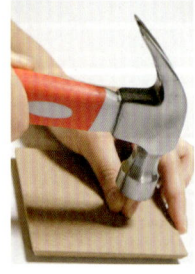 

손목에 무리가 안 가도록 망치를 수직으로 박는 게 좋습니다. 12t 나무판에 못을 박을 경우, 못이 대략 8mm 정도 들어가도록 박으면 흔들거리지 않아요. 못이 제대로 박히지 않았다면 망치 뒷부분으로 못을 뽑고 다시 박아주세요.

실 엮기 두 점(못) 사이를 실로 이어주면 되는데 11자 엮기와 X자 엮기가 있습니다.

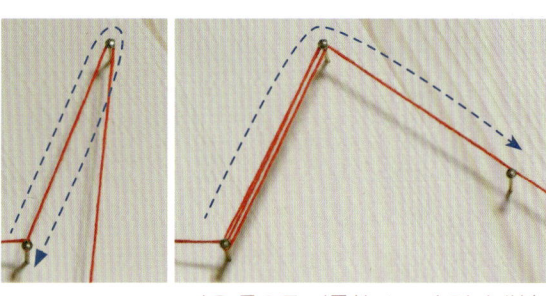

11자 엮기 가장 기본으로 두 못 사이를 말 그대로 11자로 한 바퀴 엮어주는 방법입니다.

다음 못으로 이동하여 11자 엮기 반복

X자 엮기 X자로 엮은 다음 11자로 다시 엮어서 튼튼하고 또렷하게 엮어주는 방법입니다.

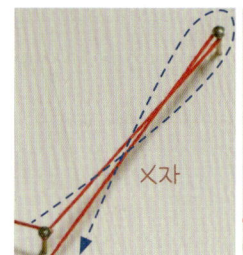

X자

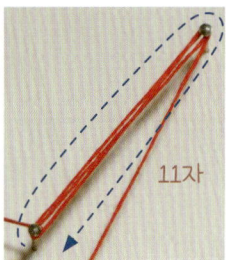

11자

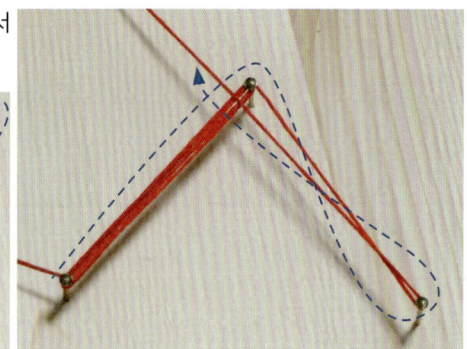

다음 못으로 이동하여 X자 엮기 반복

QR코드 동영상으로 실엮기를 쉽게 배워요!

실 정리하기

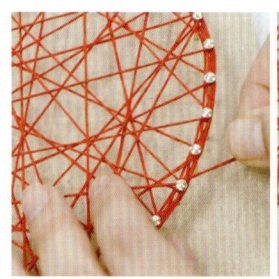

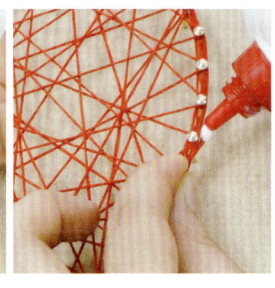

시작점에 남은 꼬투리 실과 실을 다 엮고 남은 꼬투리 실은 목공풀로 붙여서 풀리지 않게 정리합니다. 목공풀은 접착력도 좋고 마르면서 투명하게 변해서 마무리할 때 좋아요.

두근두근,
사랑이 샘솟는 하트

재료

MDF 판(180 x 180mm)
빨간색 실(DMC 321)
신주못 38개

① 사포질한 MDF 판에 도안대로
못을 박는다.

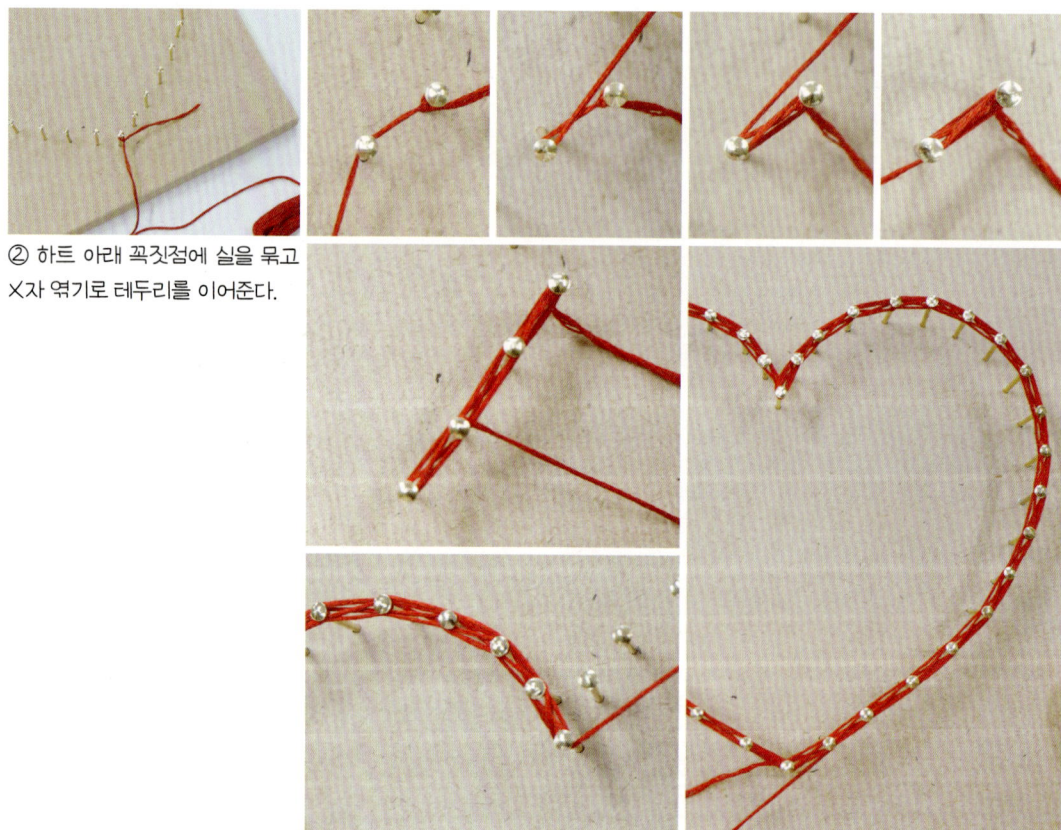

② 하트 아래 꼭짓점에 실을 묶고
X자 엮기로 테두리를 이어준다.

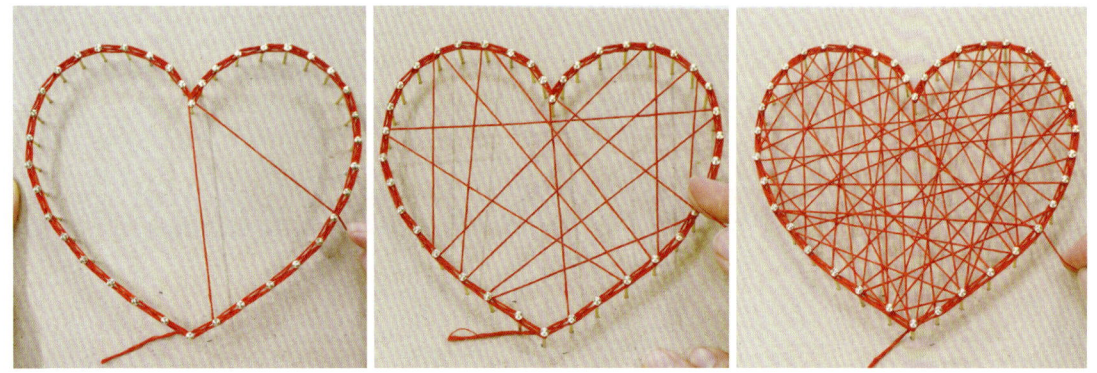

③ 테두리를 모두 둘렀으면 안쪽을 색칠하듯이 꼼꼼히 채운다.

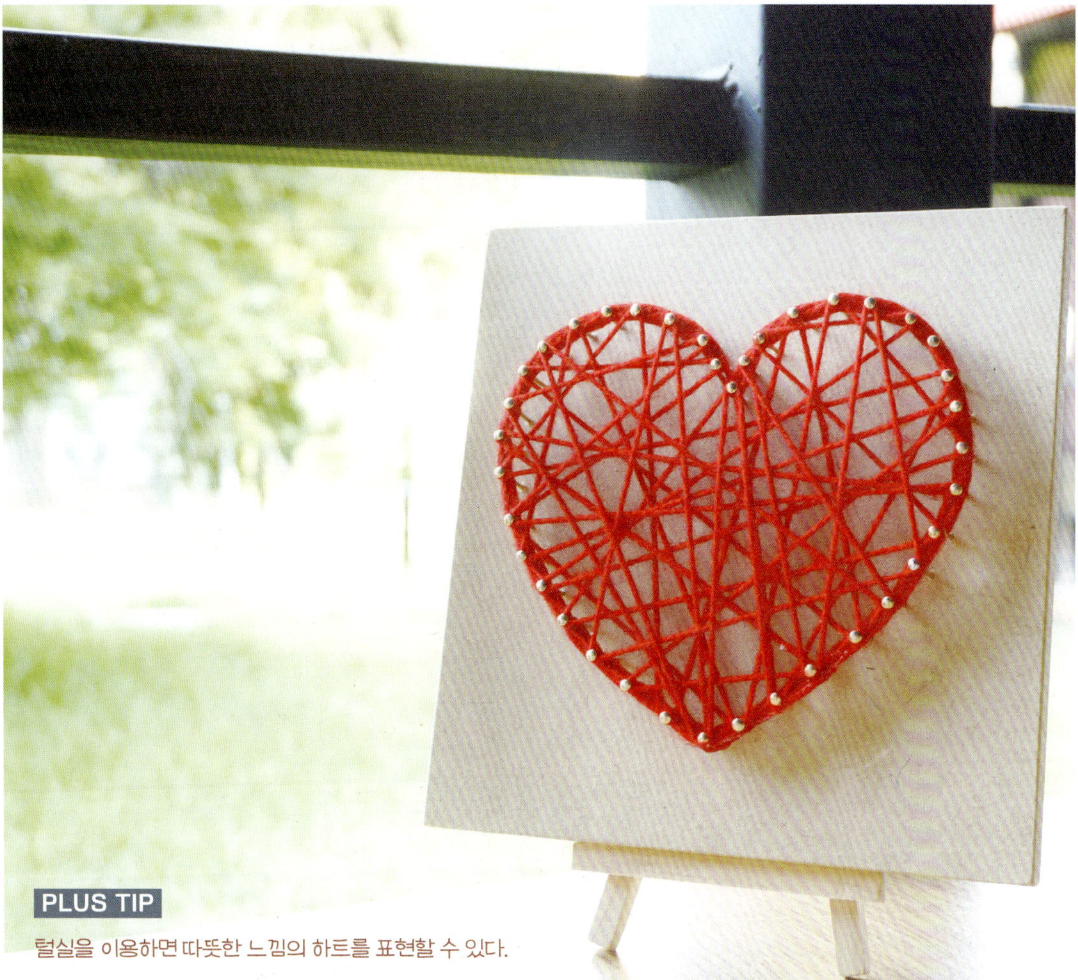

PLUS TIP

털실을 이용하면 따뜻한 느낌의 하트를 표현할 수 있다.

북유럽 스타일,
북극곰

재료

미송 집성목 원형(지름 220mm)
연갈색 실(DMC 3790)
진갈색 실(DMC 938)
파란색 실(DMC 3842)
신주못 65개

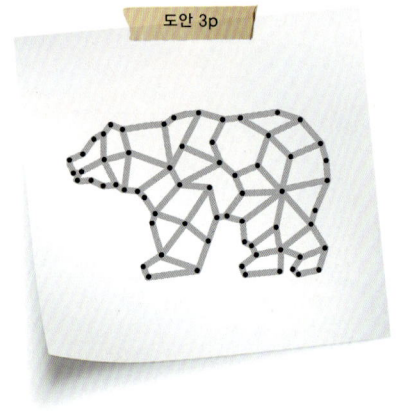

도안 3p

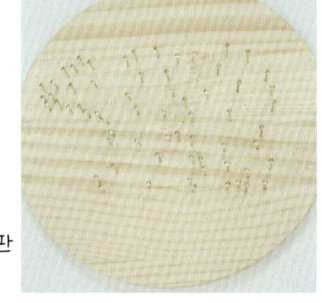

① 바니쉬로 마감한 나무판
에 도안대로 못을 박는다.

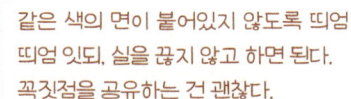

같은 색의 면이 붙어있지 않도록 띄엄
띄엄 잇되, 실을 끊지 않고 하면 된다.
꼭짓점을 공유하는 건 괜찮다.

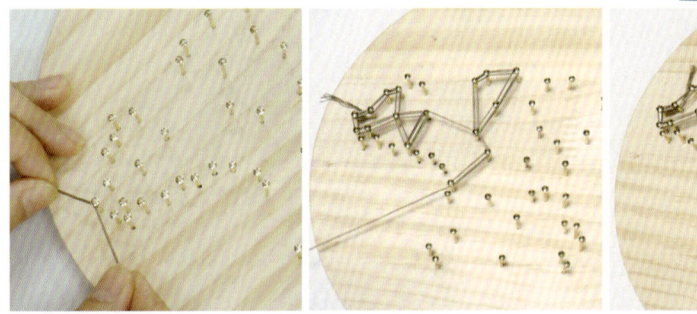

② 연갈색 실을 북극곰 코 부분에 묶고 곰 모양을 이루는 면을 11자 엮기 방식으로 이어준다.

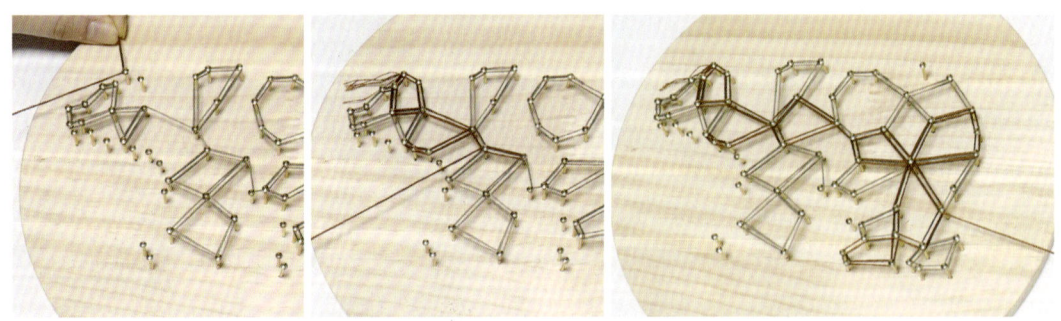

③ 진갈색 실을 북극곰 머리 부분에 묶고 마찬가지로 11자 엮기로 잇는다.

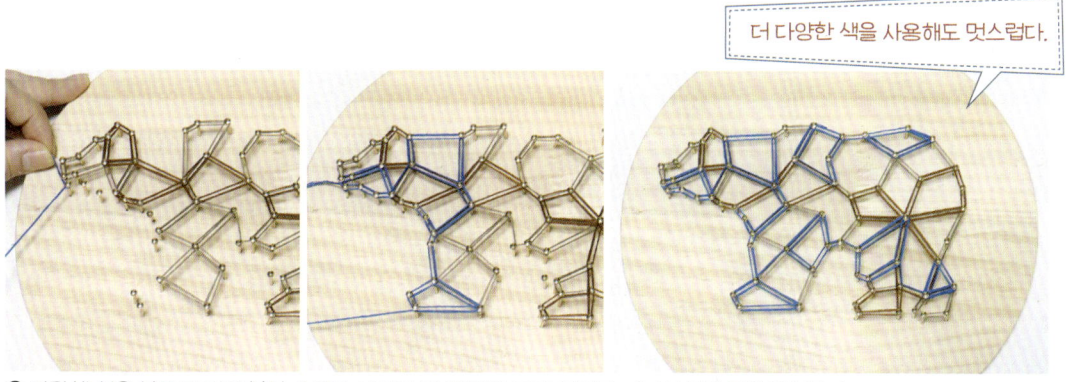

더 다양한 색을 사용해도 멋스럽다.

④ 파란색 실을 북극곰 머리 부분에 묶고 나머지 빈 면들을 11자 엮기로 이어서 북극곰을 완성한다.

기본 재료로 시작하는
스트링아트

언제 들어도
좋은 말
L.O.V.E

재료

MDF 판(300 x 300mm)
빨간색 실(DMC 321)
검은색 실(DMC 310) 2개
신주못 152개

① 페인트로 마감한 MDF 판에 도
안대로 못을 박는다.

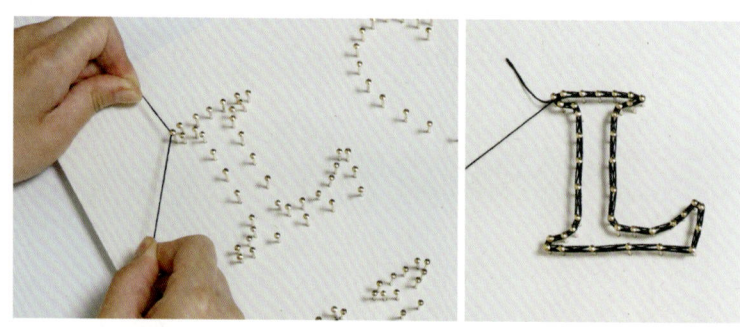

② 'ㄴ' 자 시작점에 검은색 실을 묶고 X자 엮기로 못과 못 사이를 이어서 글자 테두리
를 모두 둘러준다.

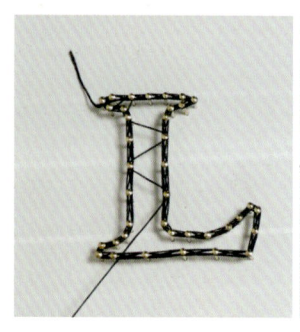

③ 테두리를 색칠하듯이 꼼꼼히 채운다.

④ 'V', 'E'도 'L'과 마찬가지로 표현한다.

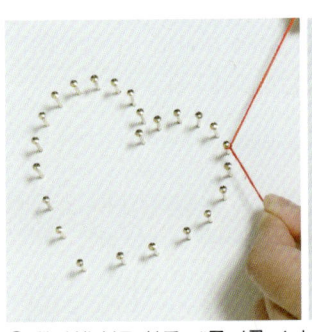 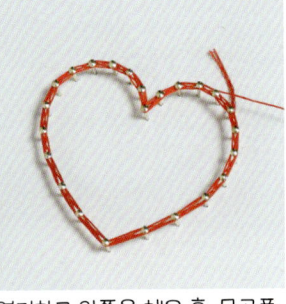 

⑤ 빨간색 실로 하트 테두리를 X자 엮기하고 안쪽을 채운 후, 목공풀로 마무리한다.

PLUS TIP

와이어 LED 전구로 꾸며도 좋다.

Good Luck!
행운의 네 잎 클로버

재료

미송 집성목 원형(지름 220mm)
연두색 실(DMC 906)
초록색 실(DMC 910) 2개
신주못 135개

도안 5p

① 바니쉬로 마감한 나무판에 도
안대로 못을 박는다.

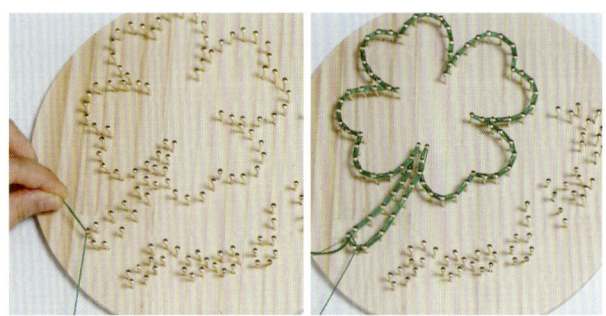

② 클로버 줄기 부분에 초록색 실을 묶고 ×자 엮기로 못과 못 사이를
이어서 클로버 테두리를 모두 둘러준다.

네 잎을 채우는 패턴이
일정할수록 예쁘다.

③ 클로버 줄기를 채운 후, 클로버 잎을 하나씩 지그
재그로 색칠하듯이 꼼꼼히 채운다.

31

④ 'good luck' 글자는 획순에 맞게 외곽을 두 번씩 감아서 표현한다. 'o'를 감을 때를 예로 들면, 못과 못 사이를 엮지 않고 못 다섯 개의 외곽을 둘러서 감는 식이다.

필기체 느낌이 나도록 실을 끊지 않고 글자를 이어서 표현한다.

나만의
러블리 하우스

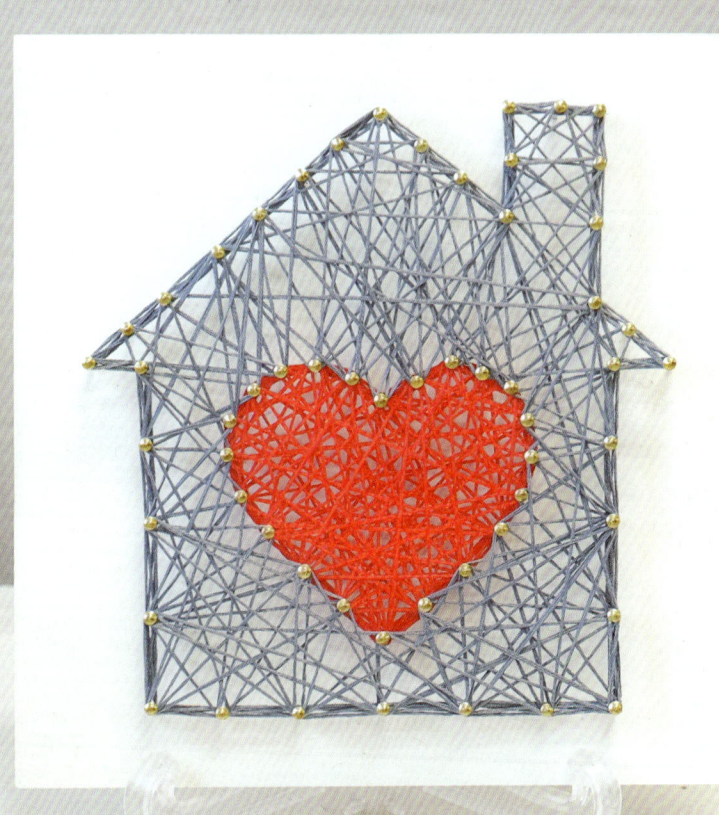

재료

MDF 판(180 x 180mm)
빨간색 실(DMC 321)
납회색 실(DMC 317)
신주못 57개

도안 7p

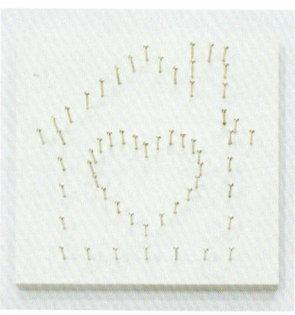

① 페인트 칠한 MDF 판에 도안대로 못을 박는다. 못은 안쪽의 하트부터 박는 것이 편하다.

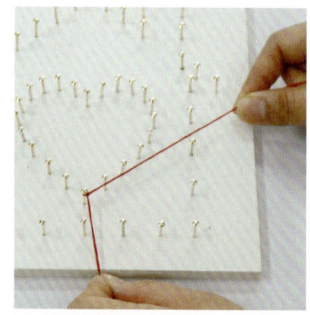

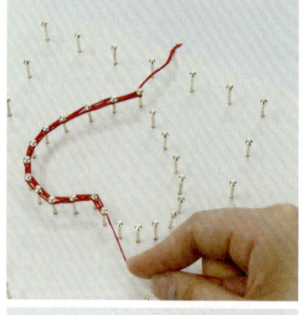

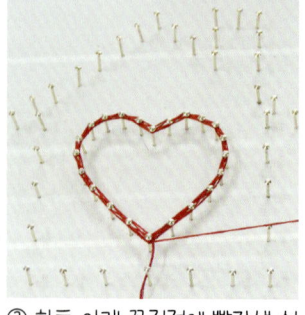

② 하트 아래 꼭짓점에 빨간색 실을 묶고 X자 엮기로 테두리를 이어준다.

③ 하트 테두리를 모두 두른 후, 안쪽을 색칠하듯이 꼼꼼히 채운다.

④ 집 모양 하단의 꼭짓점에 납회색 실을 묶고 X자 엮기로 테두리를 이어준다.

34

  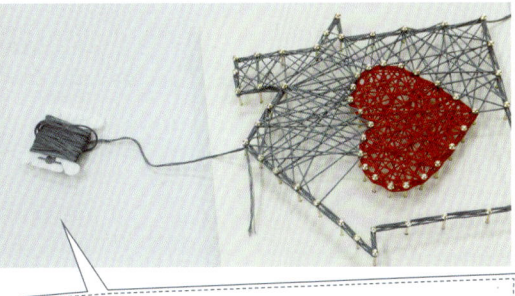

⑤ 집 테두리를 모두 두른 후, 하트 테두리와 집 테두리를
이으며 색칠하듯이 꼼꼼히 채운다.

중간에 실이 부족하면 목공풀로 마무리한 후 새로운
실로 끊어진 부분부터 실을 묶어서 똑같이 하면 된다.

PLUS TIP

크기가 큰 나무판에 위와 같이 표현한
후 스텐실로 꾸며도 좋다.

세상에서 제일 소중한
내 아가

재료

MDF 판(180 x 180mm)
연분홍색 실(DMC 225)
연한 살구색 실(DMC 951)
신주못 101개

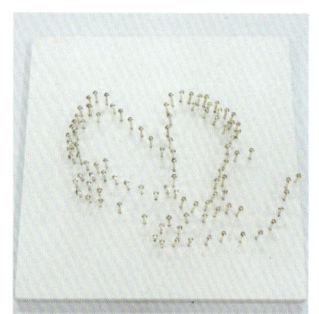

① 페인트로 마감한 MDF 판에 도
안대로 못을 박는다.

② 왼쪽 엄지발가락에 연분홍색 실을 묶고 아이 발 모양을 X자 엮기로 테두리를 이어준다.

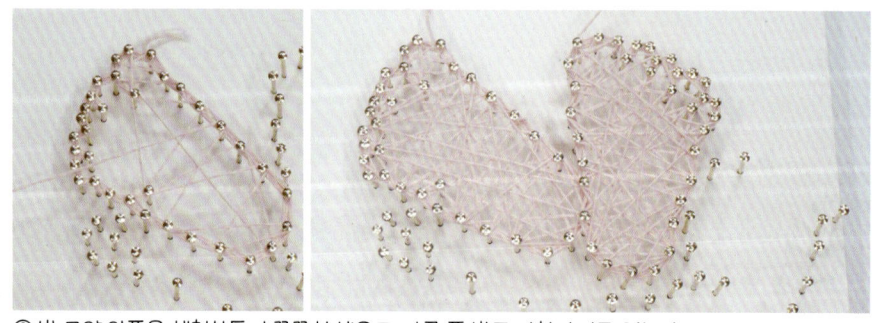

③ 발 모양 안쪽을 색칠하듯이 꼼꼼히 채우고, 다른 쪽 발도 마찬가지로 엮는다.

④ 연한 살구색 실을 엄마 손 테두리의 시작점에 묶어서 ✕자 엮기로 이어준다.

손톱 부분만 안쪽을 채워주고 마무리한다.

영원한 짝,

실과 바늘

재료

미송 집성목 판(180 x 180mm)
빨간색 실(DMC 321)
연한 살구색 실(DMC 951)
납회색 실(DMC 317)
신주못 142개

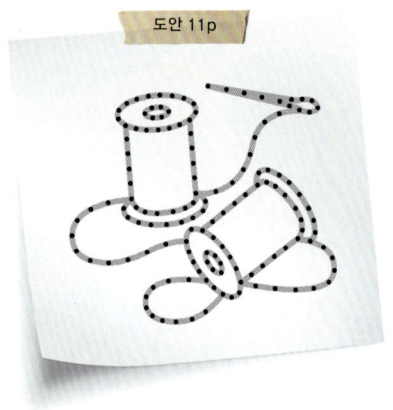

도안 11p

실패 안쪽 타원형과 외곽의 못을 바퀴살 모양으로 함께 잇는다.

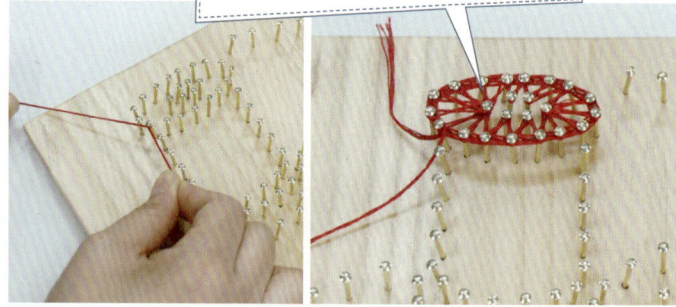

① 바니쉬로 마감한 나무판에 도 안대로 못을 박는다.

② 왼쪽 실패의 외곽에 빨간색 실을 묶고 타원형 테두리를 따라 X자 엮기로 이 어준다.

③ 실패의 세로 테두리를 X자로 엮고, 안쪽을 지그재그로 한 번만 엮어준다.

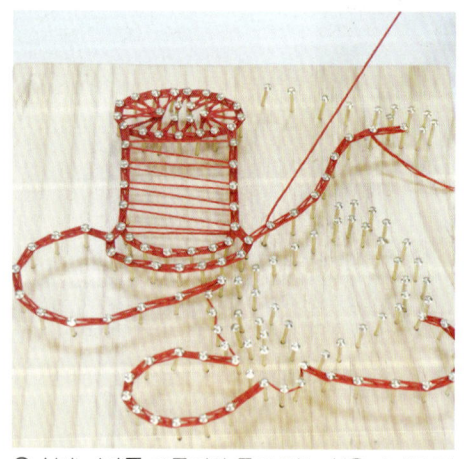

④ 실패 아래쪽 테두리와 풀려 있는 실을 X자로 엮 는다.

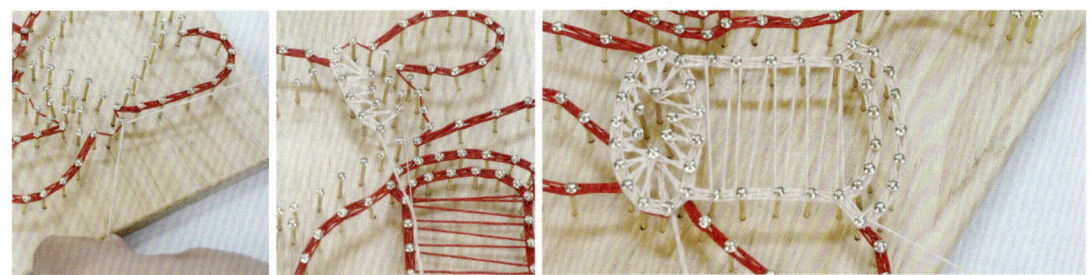

⑤ 오른쪽의 실패도 같은 방식으로 연한 살구색 실을 엮어서 만든다.

⑥ 납회색 실을 X자로 엮어서 바늘을 표현한다.

헌팅 트로피를
내 방에

재료

미송 집성목 판(180×267mm)
진갈색 실(DMC 938) 3개
신주못 77개

도안 13p

① 바니쉬로 코팅한 나무판에 도안대로 못을 박는다.

② 진갈색 실을 하단에 묶고 테두리를 따라 X자 엮기로 이어준다.

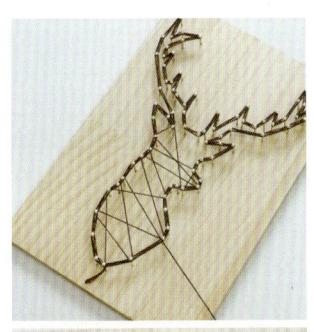

③ 테두리 안쪽을 색칠하듯이 채워준다.

45

별을 사랑한

어린 왕자

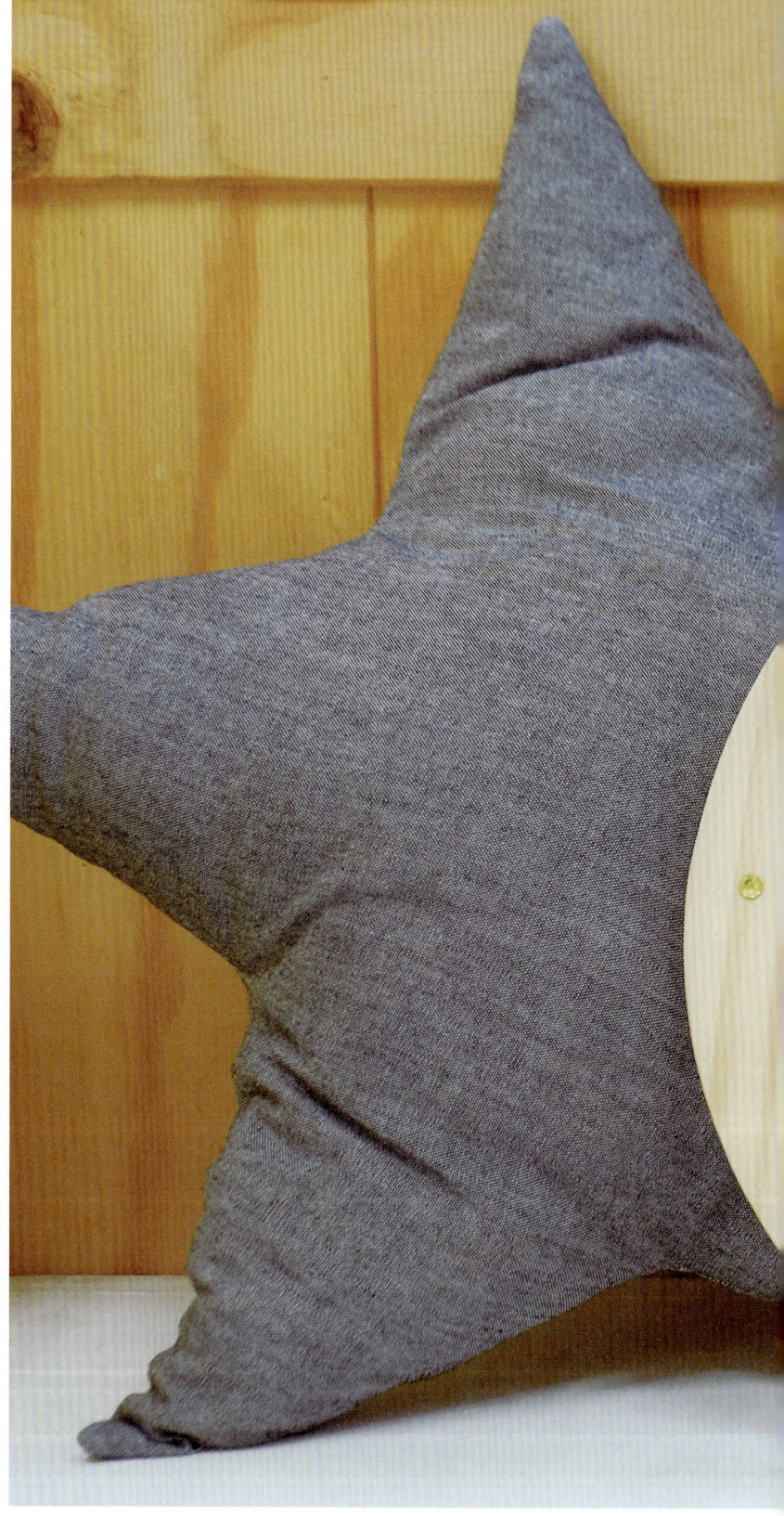

재료

미송 집성목 원형(지름 220mm)
파스텔색 실
(DMC 4501 또는 Anchor 1335)
비즈 스티커
신주못 56개

도안 15p

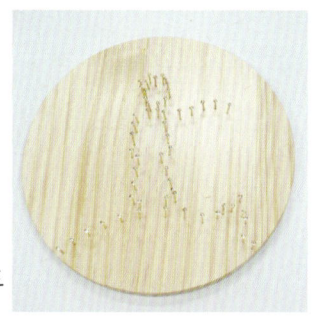

① 바니쉬로 코팅한 나무판에 도
안대로 못을 박는다.

테두리가 두껍게 표현되지 않도록
스카프 끝에서 한 번 마무리한다.

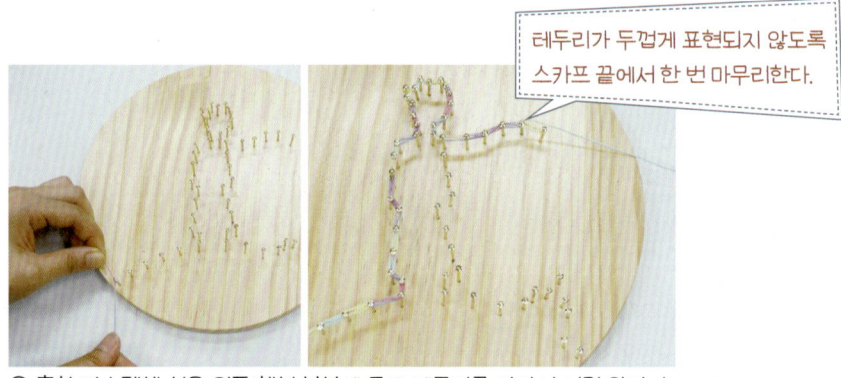

② 혼합 파스텔색 실을 왼쪽 행성 부분에 묶고 테두리를 따라서 어린 왕자 스
카프까지 X자 엮기로 이어준다.

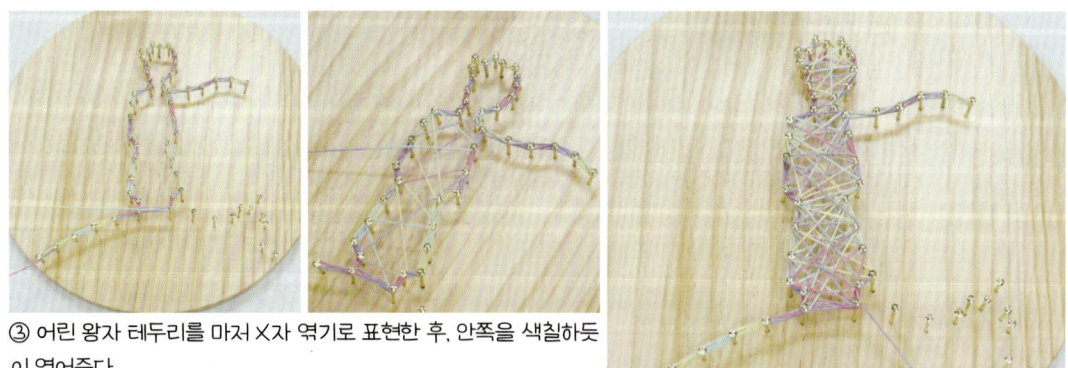

③ 어린 왕자 테두리를 마저 X자 엮기로 표현한 후, 안쪽을 색칠하듯
이 엮어준다.

48

④ 행성 오른쪽 테두리도 X자 엮기로 엮어서 마무리한다.

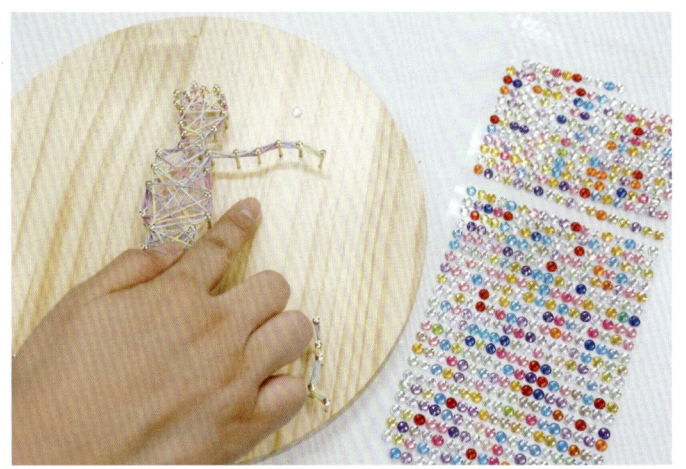

⑤ 비즈 스티커로 별을 표현한다.

아이와 함께 즐기는
스트링아트

달콤한 아이스크림

재료

10t 우드락(150 x 220mm)
황토색 실(DMC 420)
한지 색종이(색한지), 비즈 스티커
신주못 26개

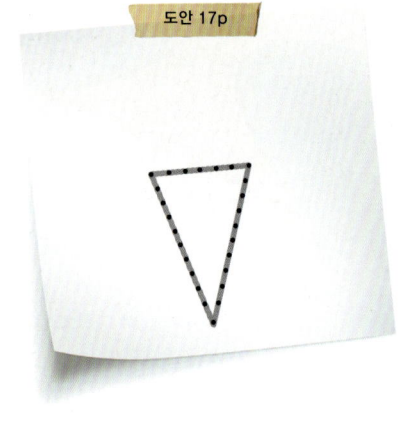

도안 17p

① 우드락에 도안을 고정하고 점 위치에 못을 손으로 눌러서 박는다.

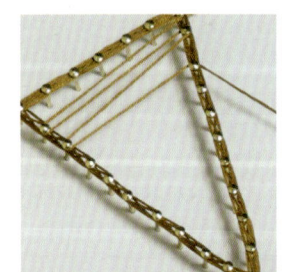 앞 이미지 연속

② 도안을 제거한다. 이때 못이 헐거우면 목공풀로 고정한다.

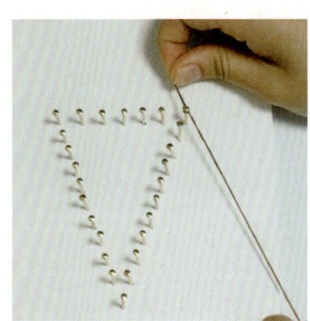

③ 콘의 아래 꼭짓점에 실을 묶고 ㄨ자 엮기로 테두리를 이어준다.

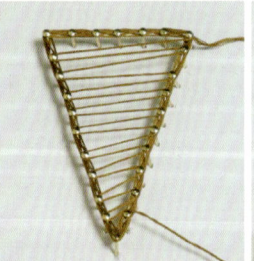
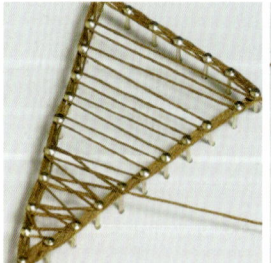

④ 테두리를 모두 둘렀으면 지그재그로 두 번 채워준다.

⑤ 목공풀로 실을 붙여서 마무리
한다.

⑥ 한지 색종이를 아이스크림 모양이 되도록 둥글게 뭉친다.

⑦ 뭉쳐놓은 색종이를 목공풀로 붙인 후, 비즈 스티커로 장식한다.

PLUS TIP

액자 고리를 만들어서 걸어도 좋다.

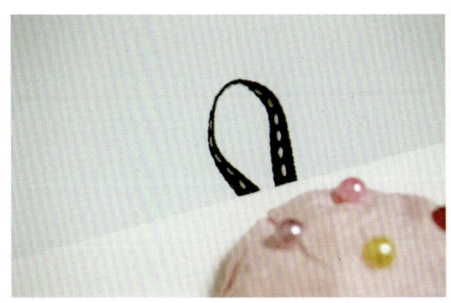

어흥!

사자가 나타났다!

재료

10t 우드락(200 x 200mm)

진갈색 실(DMC 938), 양면 색종이

비즈 스티커, 10mm 띠골판지, 매직

신주못 50개 내외

① 먼저 곰을 접어놓는다.

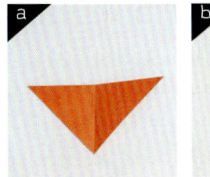    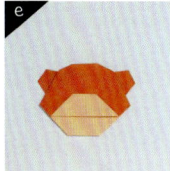

ⓐ 세로로 접고, 다시 세로로 접어 중심선을 만든다.　　　　ⓑ 중심선 쪽으로 비스듬히 접어 내린다.

ⓒ 양쪽 귀 모양을 만들어준다.　　　　　　　　　　　　　ⓓ 뒤집은 후, 종이 한 장을 올려 접는다.

ⓔ 뾰족한 부분을 안으로 살짝 접어서 입을 만든다.

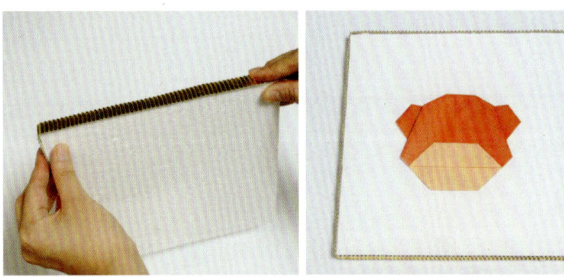

② 우드락 옆면에 띠골판지를 둘러서 붙이고 접어놓은 곰을 붙인다.

 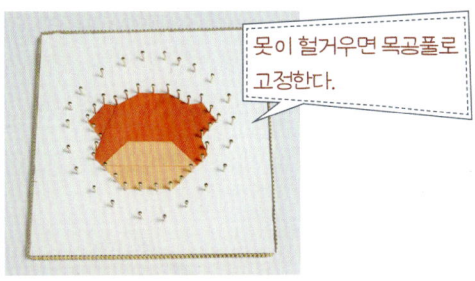

못이 헐거우면 목공풀로 고정한다.

③ 먼저 곰 외곽선에 못을 박고, 그 바깥에 사자 갈기 모양으로 못을 박는다. 우드락에 못을 박을 때는 손으로 눌러 박으면 된다.

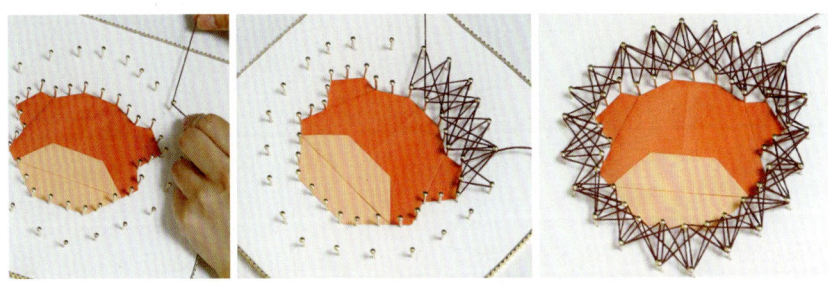

④ 시작점에 진갈색 실을 묶고 곰 테두리와 갈기 테두리를 서로 지그재그로 엮어서 사자 갈기를 표현한다.

액자 고리를 만들어서 걸어도 좋다.

⑤ 목공풀로 실을 붙여서 마무리
한다.

⑥ 매직으로 눈코입을 그리고, 비즈 스티커로 꾸며서 마무리한다.

스트링아트로 만든

가랜드

재료

흰색 두꺼운 도화지, 가위
다양한 색실, 포장용 끈

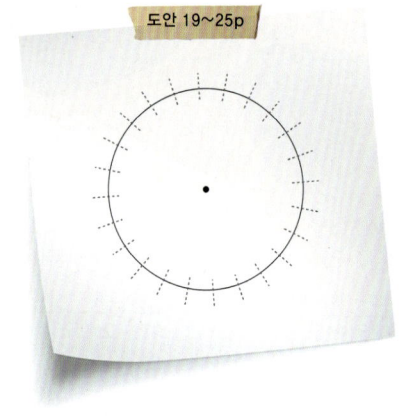

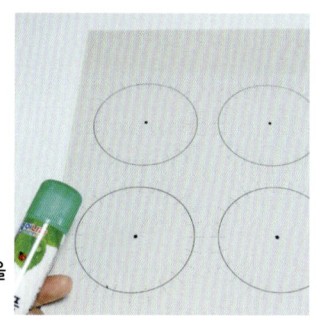

① 도화지 뒷면에 도안을
풀로 살짝 고정한다.

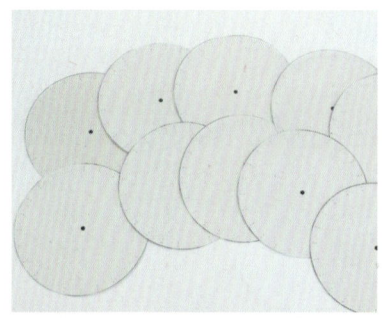

② 도화지를 도안의 선대로 동그랗게 오린다.

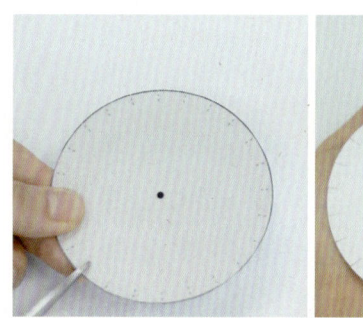

③ 점선 부분을 가위질하여 실 끼울 자리를 만든 후 도안을 제거한다.

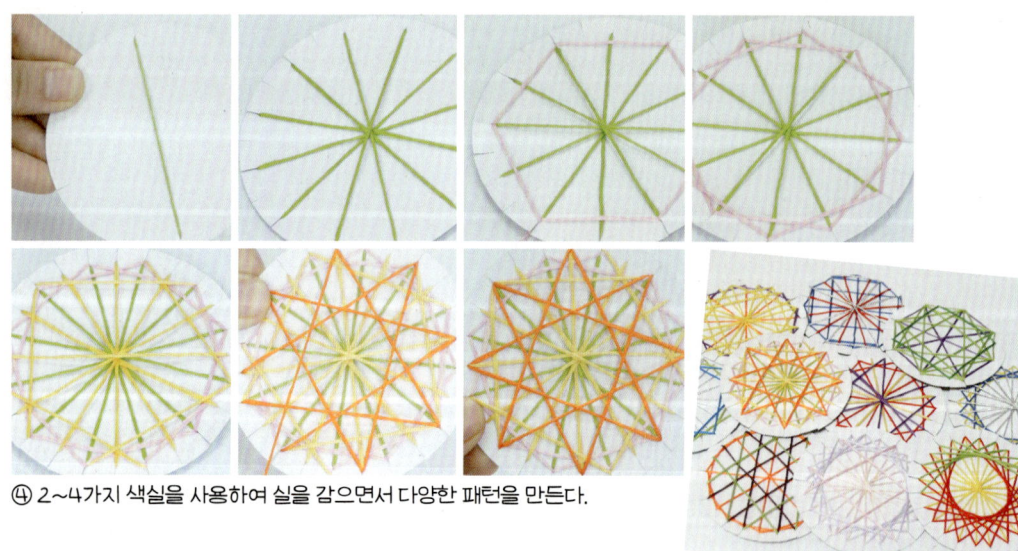

④ 2~4가지 색실을 사용하여 실을 감으면서 다양한 패턴을 만든다.

⑤ 포장용 끈에 연결한다.

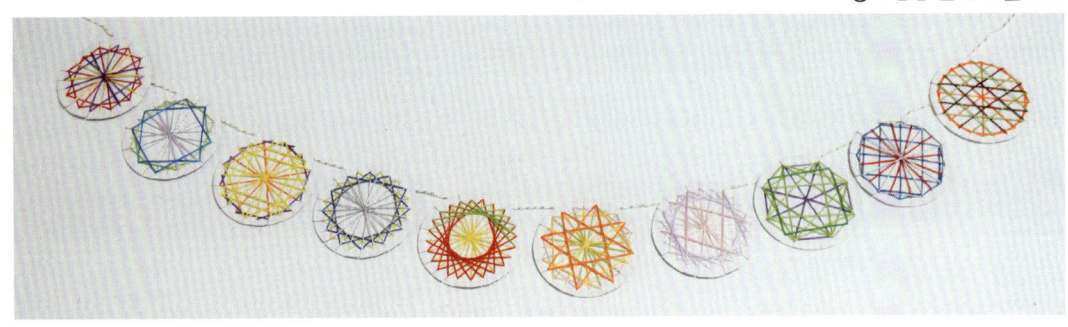

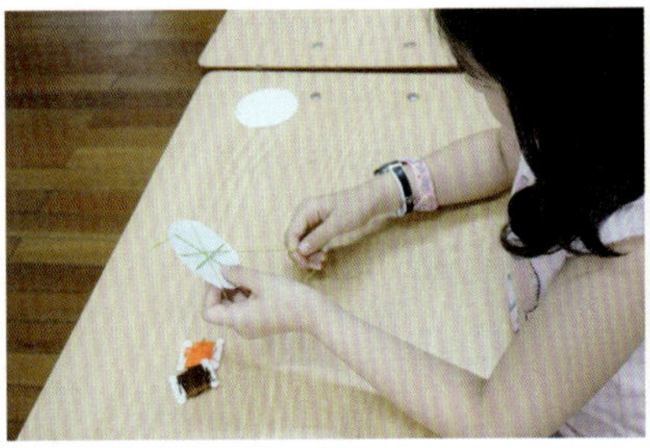

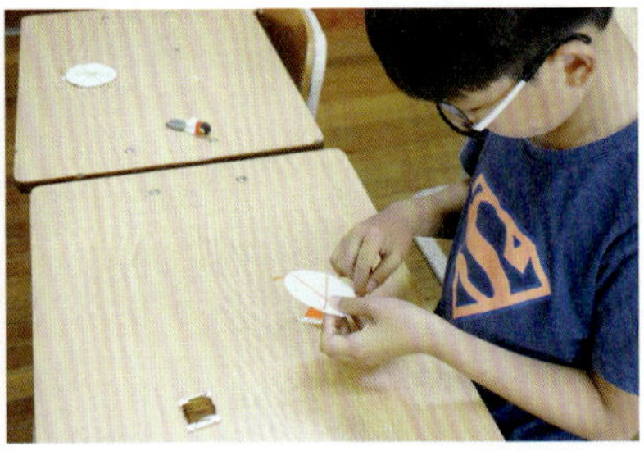

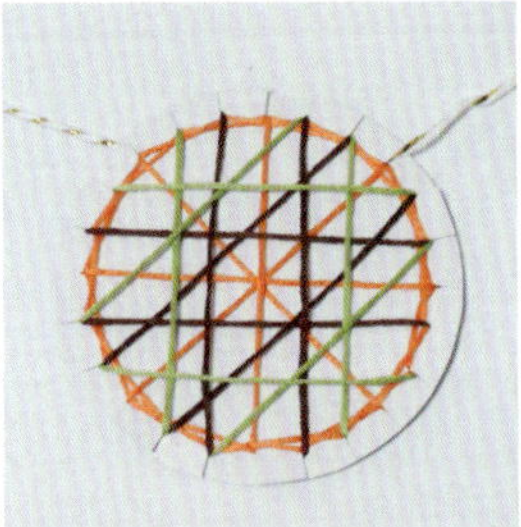

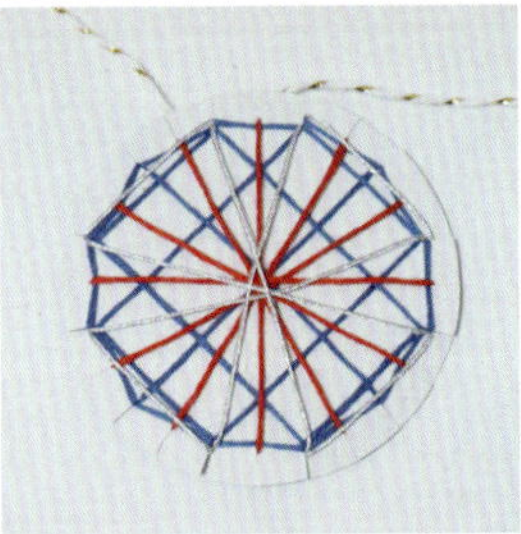

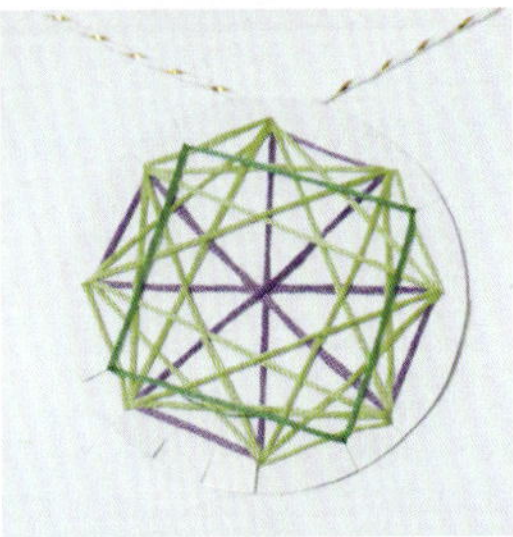

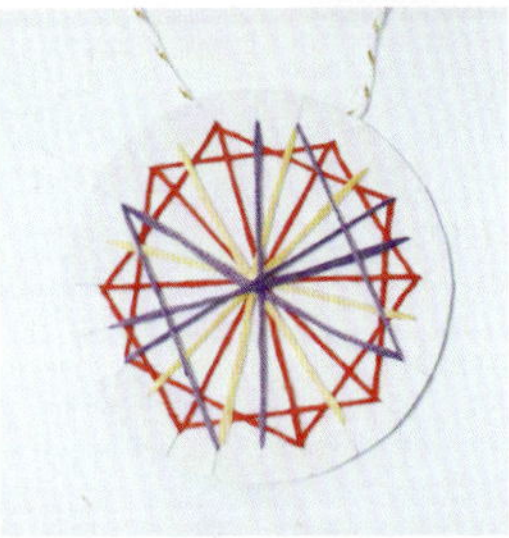

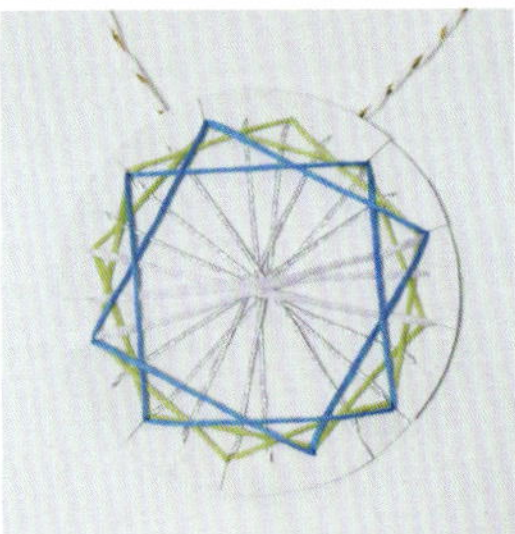

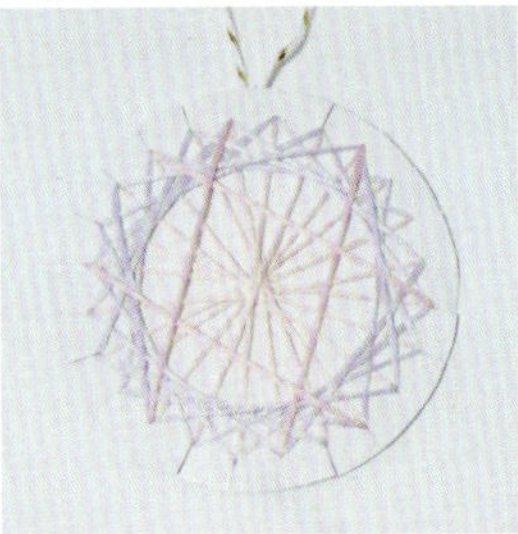

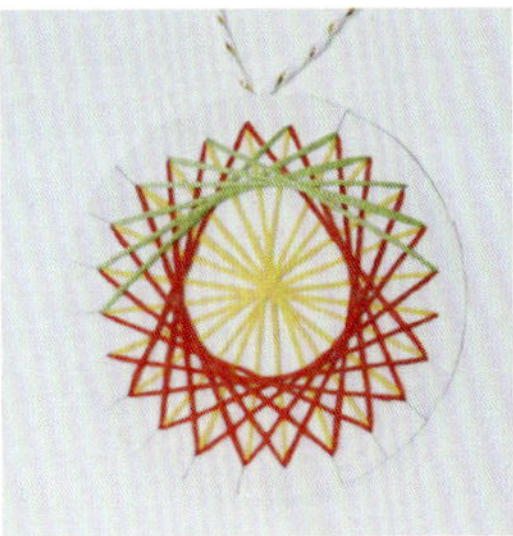

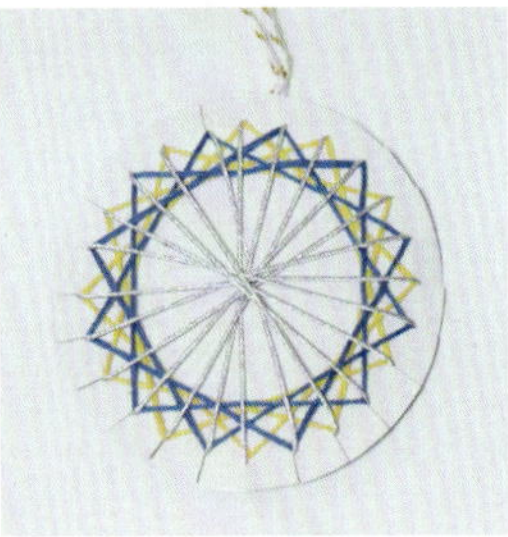

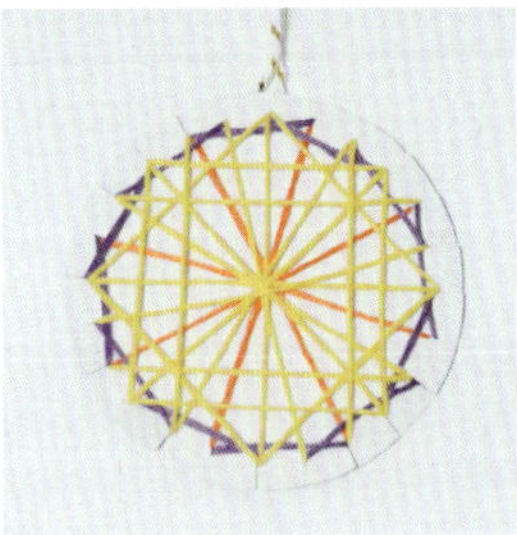

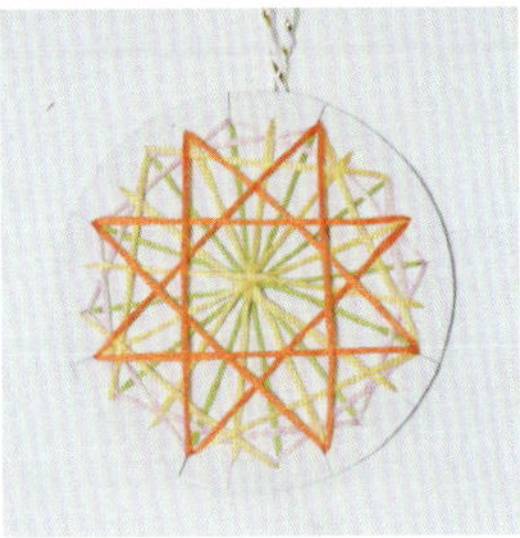

초등학생들이 직접 패턴을
구상하여 만든 작품입니다.

나무 위의
파랑새 한 쌍

재료

MDF 판(180 x 180mm)
파란색 실(DMC 995), 마끈
신주못 49개

도안 27p

아이와 함께할 때는 MDF 판
대신 우드락을 사용하거나 어
른이 못을 박도록 한다.

① 페인트칠한 MDF 판에 도안대
로 못을 박는다.

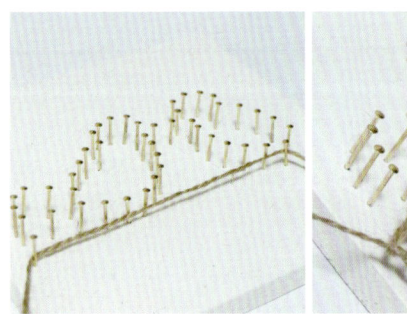

② 마끈으로 나뭇가지의 시작점과 끝점을 세 바퀴 이상 감은 후 묶어
서 나뭇가지를 완성한다.

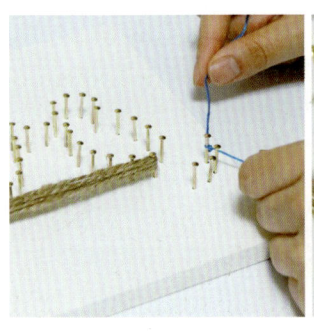

③ 파란색 실로 오른쪽 새의 꼬리 부분에 실
을 묶고 X자 엮기로 테두리를 이어준다.

④ 새의 꼬리털이 잘 표현되도록
꼬리 부분은 지그재그로 채운다.

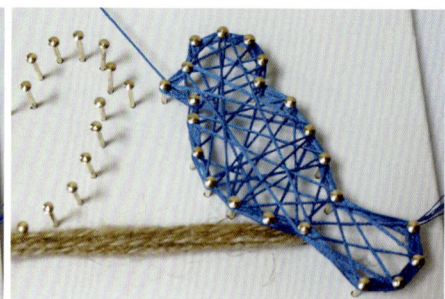

⑤ 나머지 머리와 몸통은 색칠하듯이
꼼꼼히 채운다.

⑥ 왼쪽 새도 마찬가지 방법으로 표현한다.

PLUS TIP

여백을 스텐실로 꾸며주면 더욱 멋진 작품이 된다.

고운

우리 한복

재료

10t 우드락(180x180mm)
분홍색 실(DMC 605)
연두색 실(DMC 704)
연노랑 색한지, 비즈 스티커
얇은 리본, 신주못 48개

65

도안 29 p

① 우드락에 연노랑 색한지를 감싸서 풀이나 스템플러로 고
정한다.

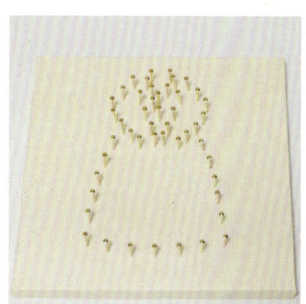

② 도안을 판 위에 고정하고 못을
박아준다.

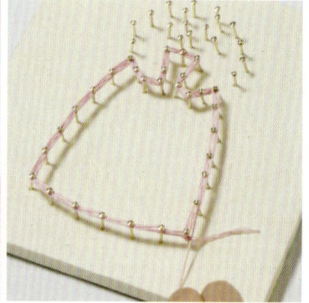

③ 오른쪽 치마 아랫단에 분홍색 실을 묶고 치마 테두리를 따라 ✕자
엮기로 이어준다.

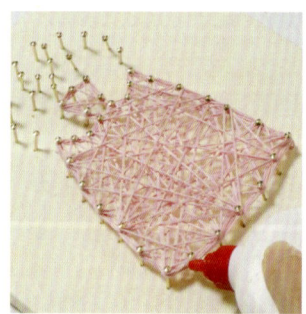

④ 치마 안쪽을 색칠하듯이 채워
준다.

저고리 테두리가 복잡하므로
위의 도안을 참고하며 엮도록
한다.

⑤ 연두색 실을 저고리 윗부분에 묶고 소매 한쪽의 테두리를 ✕자 엮
기로 이어준다.

⑥ 소매 끝동은 비워두고 나머지 부분을 색칠하듯이 채워준다.

⑦ 동정 부분을 X자 엮기로 테두리를 이어준다.

⑧ 나머지 소매도 같은 방법으로 엮고, 저고리 밑단도 엮어서 마무리한다.

⑨ 얇은 리본으로 저고리 고름을 만들어 붙이고, 비즈 스티커로 꾸민다.

PLUS TIP

남은 리본으로 액자 고리를 만들어 걸어도 좋다.

삐죽삐죽

고슴도치

재료

10t 우드락(200 x 200mm)
연갈색 실(DMC 434), 살구색 색종이
띠골판지, 비즈 스티커, 꾸미기 부자재
신주못 30개 내외

① 우드락 옆면에 띠골 판지를 둘러서 붙인다.

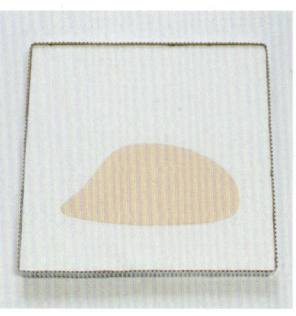

② 색종이를 고슴도치 몸통 모양으로 오려서 우드락에 붙인다.

못이 헐거우면 목공풀로 고정한다.

③ 못을 고슴도치 가시 모양으로 눌러 박는다.

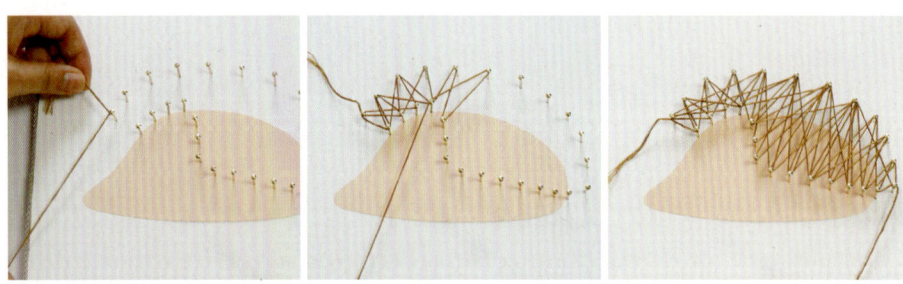

④ 고슴도치 머리 쪽에 실을 묶고 지그재그로 실을 엮어 가시처럼 표현한다.

⑤ 꾸미기 부자재로 고슴도치 눈과 코를 붙이고, 비즈 스티커로 우드락 판을 꾸며준다.

리본으로 액자 고리를 만들어 걸어도 좋다.

72

나의 작은

크리스마스트리

재료

삼나무 집성목 판(150 x 220mm)
초록색 실(DMC 910), 반짝이 모루
크리스마스 글자판, 장식 소품 등
신주못 58개

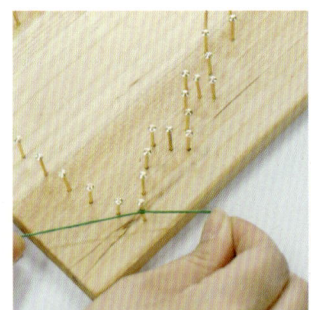

① 바니쉬로 코팅한 나무판에 도
안대로 못을 박는다.

② 오른쪽 아래에 실을 묶고 테두리를 ✕자 엮기로 이어준다.

③ 테두리를 모두 둘렀으면 안쪽
을 색칠하듯이 꼼꼼히 채운다.

④ 반짝이 모루를 지그재그로 엮
어준다.

⑤ 반짝이 별과 각종 장식 부자재로 트리를 예쁘게 꾸민다.

⑥ 나무판 뒷면에 액자 고리를 달아준다.

PLUS TIP

와이어 LED 전구를 사용하면
더욱 멋지게 표현할 수 있다.

일상의 흔적을 담는
스트링아트

센스 있는
선안장 화분

재료

미송 집성목 판(180 x 180mm)

갈색 실(DMC 433)

연두색 실(DMC 906)

초록색 실(DMC 910)

공예용 조화(물망초)

신주못 120개

도안 33p

① 바니쉬로 마감한 나무판에 도안대로 못을 박는다.

② 왼쪽 선인장 위쪽에 초록색 실을 묶고 테두리를 ╳자 엮기로 이은 후, 안쪽을 꼼꼼히 채운다.

③ 마찬가지로 연두색 실과 초록색 실로 나머지 선인장을 표현한다.

④ 갈색 실로 선인장 화분의 테두리를 ╳자 엮기로 두르고, 안쪽을 색칠하듯 채운다.

⑤ 선인장 꽃 느낌의 공예용 조화를 붙여서 꾸민다.

내 여자친구의 향수

재료

MDF 판(180 x 180mm)
연보라색 실(DMC 211) 2개
보라색 리본
신주못 71개

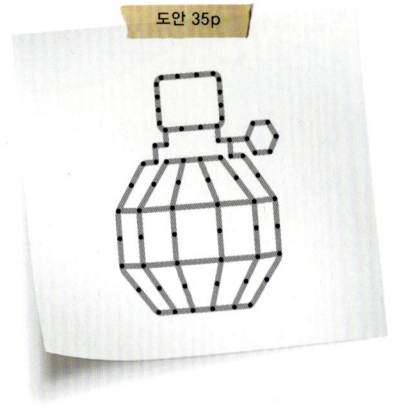

도안 35p

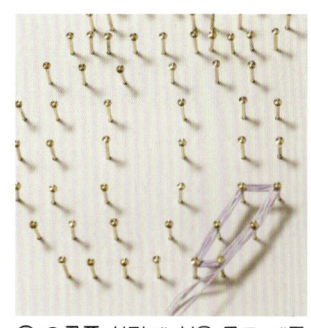

① 페인트 칠한 MDF 판에 도안대로 못을 박는다.

② 오른쪽 하단에 실을 묶고 테두리 선을 따라 한 칸씩 X자 엮기로 이어준다.

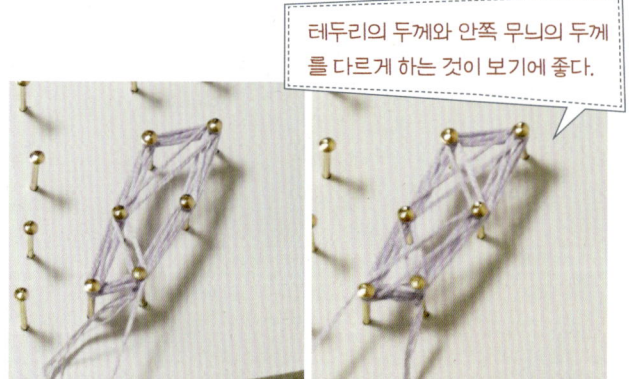

테두리의 두께와 안쪽 무늬의 두께를 다르게 하는 것이 보기에 좋다.

③ 칸의 안쪽은 지그재그로 오가며 11자 모양이 나오도록 채운다.

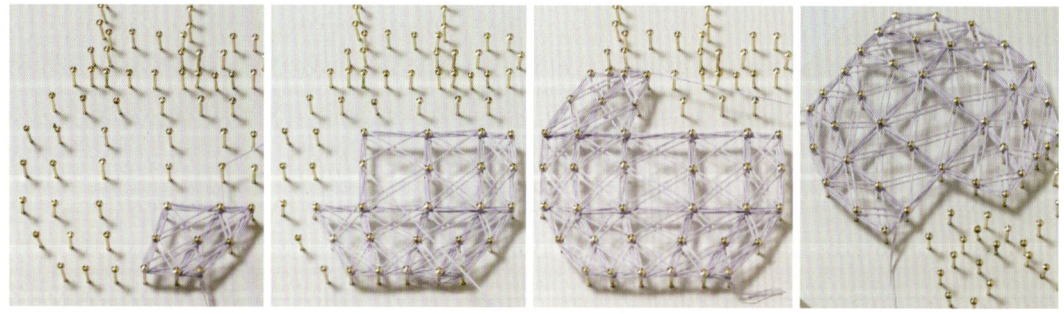

④ 이와 같은 방법으로 향수 병을 모두 채운다. X자 엮기를 할 테두리가 구분되지 않으면 위의 도안을 참고하도록 한다.

82

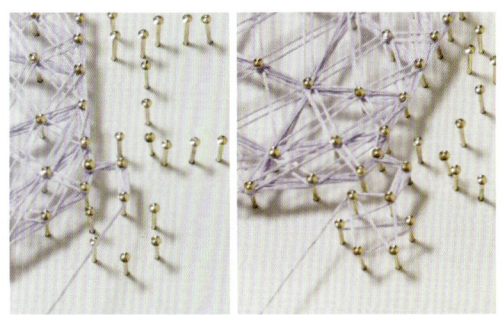

⑤ 향수 펌프로 연결되는 부분은 X자 엮기로 이은 후, 펌프 안쪽을 지그재그로 채우고 펌프 외곽을 한 바퀴 돌려서 표현한다.

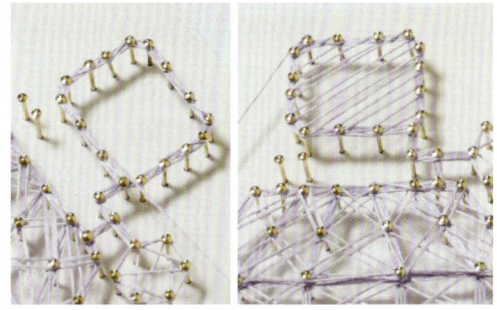

⑥ 향수 뚜껑의 테두리는 X자로 엮은 후 안쪽은 사선 모양이 나오도록 지그재그로 채운다.

⑦ 뚜껑과 병 사이는 테두리만 X자로 엮은 후 채우지 않고 마무리한다.

⑧ 보라색 리본으로 꾸며서 완성한다.

선물용으로 Good!

빈티지 스타일

운동화

재료

MDF 판(180 x 180mm)
주황색 실(DMC 970) 2개
수예용 고무줄(80cm x 2개)
신주못 121개
25mm 검정 나무못 24개

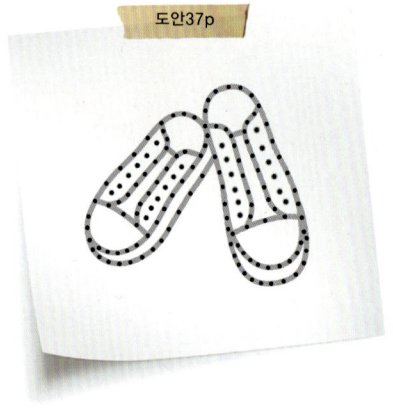

도안37p

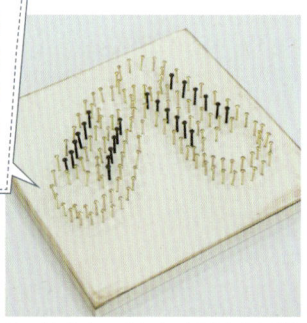

못질은 도안 안쪽에서
부터 해야 편하고, 운동
화 끈 구멍을 표현할 검
정못은 신주못보다 높게
박아야 나중에 운동화
끈을 쉽게 묶을 수 있다.

① 빈티지 느낌이 나도록 처리한
MDF 판에 도안대로 못을 박는다.

② 운동화 앞코 부분에 주황색 실을 묶고 테두리 선을 따라 X자 엮기로 이은 후에 앞부분을 색칠하듯이
엮어서 채운다.

③ 안쪽 테두리를 X자 엮기로
이어준다. 이때 중앙 부분은
지그재그로 채우며 이동하여
반대편 테두리까지 완성한다.

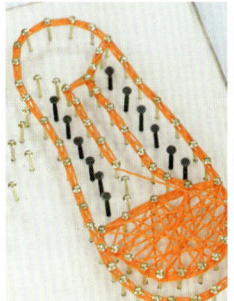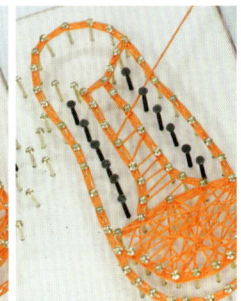

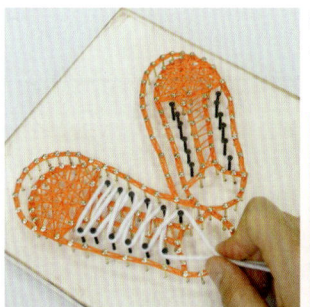

④ 수예용 고무줄을 운동화 끈처럼 못에 엮고
리본으로 묶어 마무리한다.

빈티지 느낌의 나무판 만들기

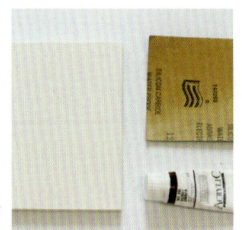

MDF 판을 사포질과 페인트칠
을 하여 준비한다.

페인트칠한 MDF 판의 모서리를
사포(120방)로 살짝 벗겨낸다.

갈색 아크릴물감을 모서리에 발라준다. 이때 손수건을 이용하면
자연스럽게 칠할 수 있다.

With Coffee

재료

MDF 판(180 x 180mm)

흰색 실(DMC BLANC)

진갈색 실(DMC 938)

갈색 실(DMC 433)

신주못 137개

도안 39p

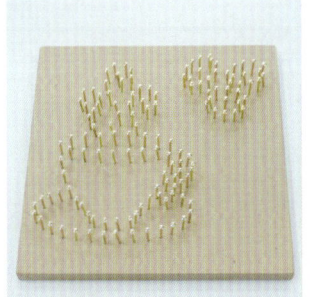

① 사포질한 MDF 판에 도안대로 못을 박는다.

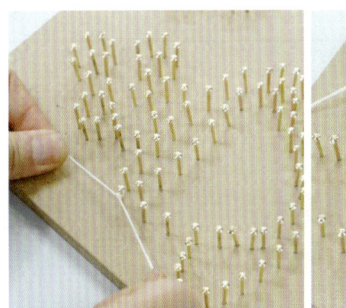

② 커피잔 윗부분에 흰색 실을 묶고 커피잔 몸통 부분을 X자 엮기로 이어준다.

③ 손잡이 부분은 지그재그로 엮는다.

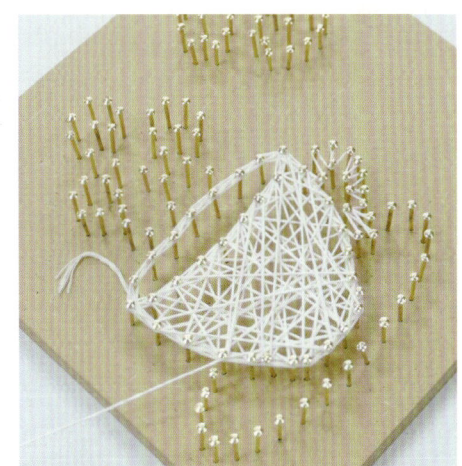

④ 커피잔 안쪽을 꼼꼼히 채워준다.

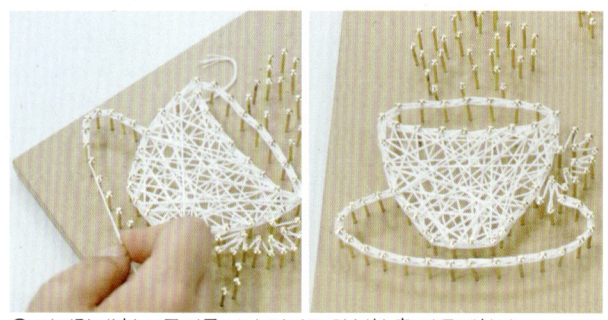

⑤ 커피잔 받침 테두리를 X자 엮기로 완성한 후 마무리한다.

각각의 곡선을 실을 끊지 않고 이어서 표현해도 괜찮다.

⑥ 진갈색 실을 X자 엮기로 이어서 커피의 김이 올라오는 부분을 표현한다.

⑦ 진갈색 실과 갈색 실을 X자 엮기로 이어서 오른쪽의 커피콩도 표현하여 마무리한다.

PLUS TIP
포장 태그를 커피잔에 묶어주면 좀 더 멋스럽게 완성된다.

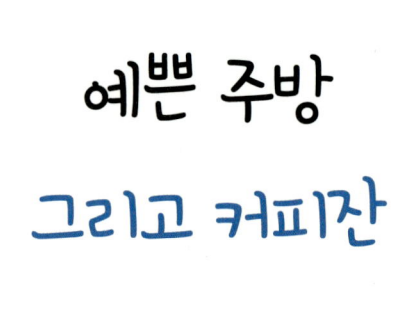

예쁜 주방

그리고 커피잔

재료

MDF 판(180 x 180mm)
노란색 실(DMC 726)
연분홍색 실(DMC 225)
분홍색 실(DMC 605)
신주못 115개

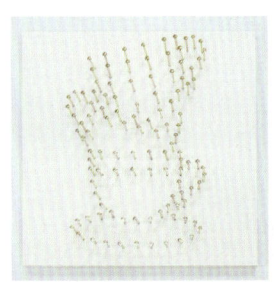

① 페인트칠한 MDF 판에 도안대
로 못질한다.

② 커피잔 받침 아랫부분에
노란색 실을 묶고 ×자 엮기
로 테두리를 표현한다.

③ 커피잔 받침의 위아래
못을 ×자로 연결하여 빗
살무늬처럼 만든다.

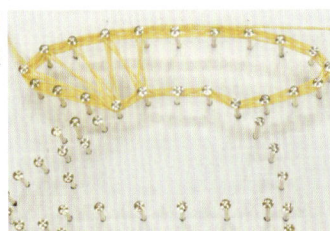 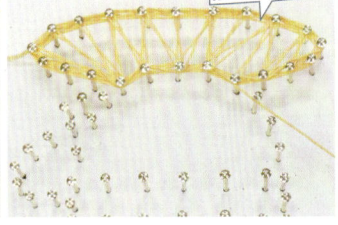

무늬를 얇게 표현하기 위해
×자 연결 후 11자로 다시
감지는 않는다.

④ 맨 아래 커피잔의
테두리를 ×자 엮기로
이어준다.

⑤ 커피잔 몸통 부분
을 꼼꼼히 색칠하듯이
채워준다.

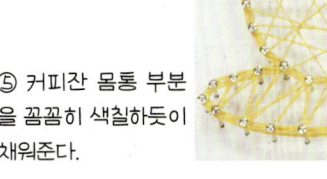

⑥ 연분홍색 실을 두 번째 커피잔에 묶고 X자 엮기 로 테두리를 두른 후 톱니무늬로 몸통을 채워준다.

⑦ 분홍색 실을 맨 위 커피잔에 묶고 테두리는 X자 엮기하고, 세로무늬는 채워서 마무리한다.

자전거는 꽃을 싣고

재료

MDF 판(180 x 180mm)
하늘색 실(DMC 827)
드라이플라워
신주못 71개

도안 43p

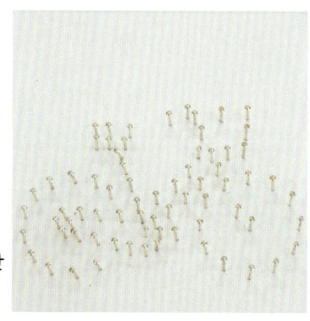

① 페인트칠한 MDF 판
에 도안대로 못질한다.

체인 오른쪽 윗부분은 이동 경로가
꼬일 수 있으므로 나중에 엮는다.

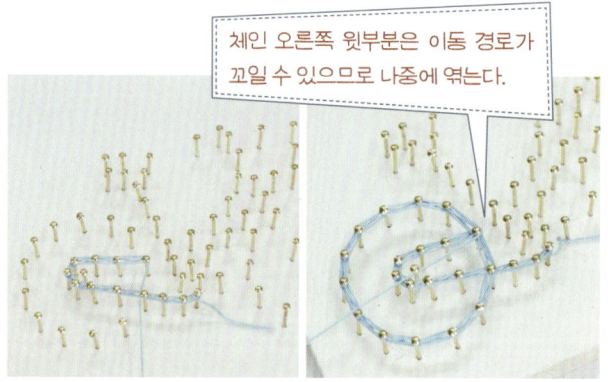

② 자전거 중앙 하단에 실을 묶고 X자 엮기로 체인을 먼저 엮고 다음
으로 바퀴 테두리를 이어준다.

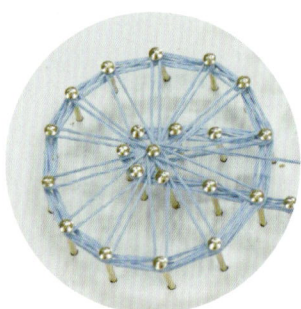

③ 바퀴 중심 못과 바퀴 테두리 못
들을 11자 엮기로 한 바퀴 돌려서
자전거 바퀴살을 표현한다.

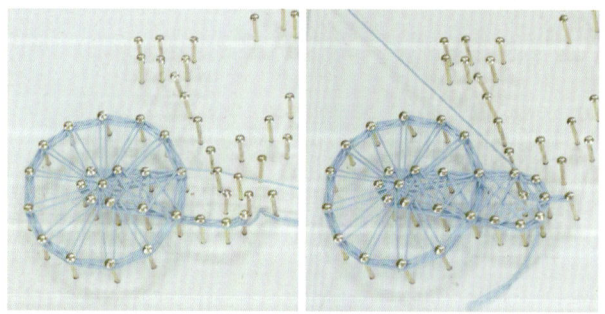

④ 체인 오른쪽 윗부분을 X자 엮기로 이은 후 안쪽을 지그재그로 채
워서 표현한다.

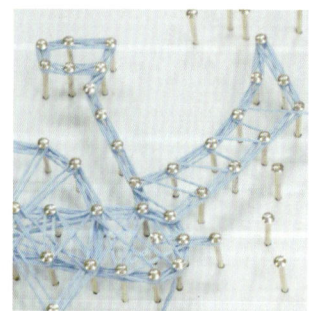

⑤ 자전거 안장과 몸체 부분 테두
리를 X자 엮기로 잇고 몸체 안쪽
을 지그재그로 엮는다.

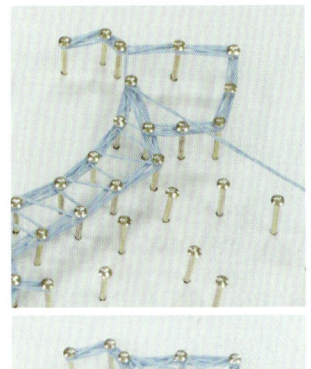
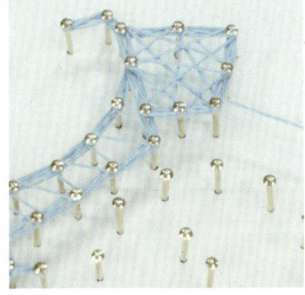

⑥ 바구니 테두리를 X자 엮기로 잇고 바구니 안쪽을 지그재그로 엮는다.

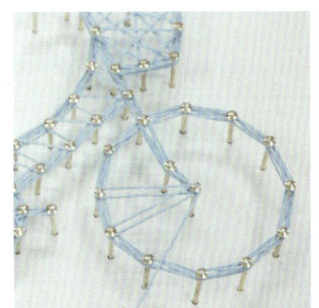
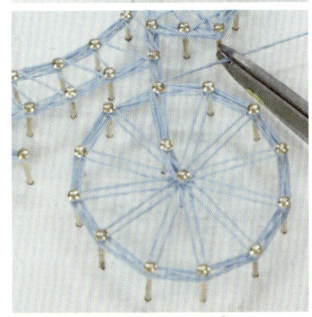

⑦ 앞바퀴 테두리를 X자로 엮은 후 뒷바퀴와 마찬가지로 바퀴살을 표현한다.

⑧ 드라이플라워를 바구니 크기에 맞게 자른 후 바구니 안쪽에 붙여 주고, 남은 꽃을 바람에 흩날리듯 표현한다.

빅토리아 스타일, 샹들리에

재료

MDF 판(300 x 300mm)
청록색 실(DMC 3812) 3개
은색 실(DMC E168), 비즈 체인
신주못 273개

도안 67p

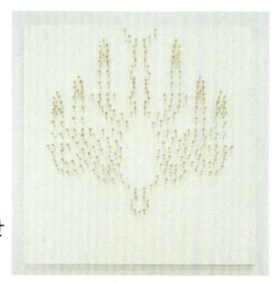

① 페인트 칠한 MDF 판에 도안대로 못질한다.

② 상단에 청록색 실을 묶고 샹들리에 중심축 테두리를 X자 엮기로 이은 후 꼼꼼히 안쪽을 채운다.

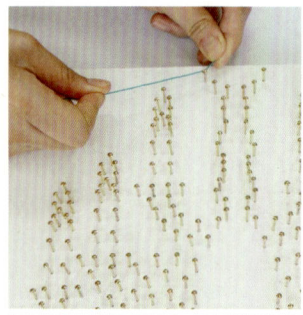

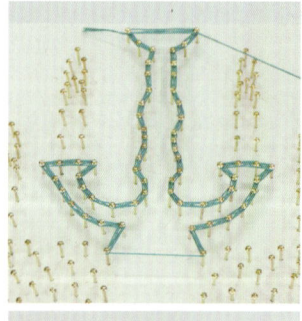

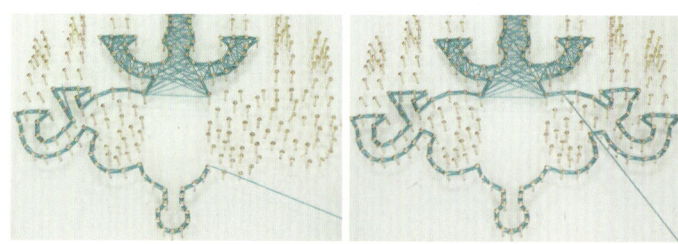

③ 샹들리에 하단 테두리를 X자 엮기로 이어준다.

④ 안쪽의 문양 테두리를 X자 엮기로 표현한 후 나머지 부분은 색칠하듯이 꼼꼼히 채워준다.

초의 기둥 부분은 안을 채우지 않고 줄무늬로 표현한다.

⑤ 은색 실을 묶고 초 테두리를 따라 X자 엮기로 이어준다.

⑥ 비즈 체인을 못에 걸어서 샹들리에 장식처럼 늘어지게 표현하여 마무리한다.

비즈 체인은 검색창에서 '만들기재료 구슬체인'
으로 검색하면 판매처를 찾을 수 있다.

PLUS TIP

와이어 전구를 달면 인테리어 조명으로도 활용할 수 있다.

Lesson 4

나를 꿈꾸게 하는
스트링아트

당신만을 바라보는

해바라기

재료

미송 집성목 판(300 x 300mm)

진갈색 실(DMC 938)

노란색 실(DMC 973) 2개

연한 주황색 실(DMC 972) 2개

황토색 실(DMC 420)

신주못 252개

도안 69p

① 바니쉬로 마감한 나무판에 도
안대로 못을 박는다.

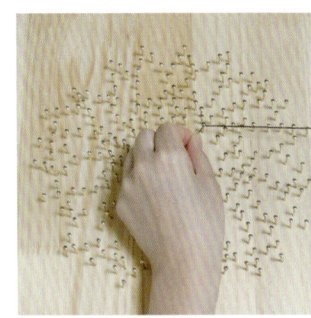

② 진갈색 실을 가운데에 묶고 꽃심 안쪽을 색칠하듯 채워준다.

③ 노란색 실을 안쪽의 꽃잎에 묶고
테두리를 X자 엮기로 엮은 후 안쪽
을 채워준다.

④ 꽃심 옆의 꽃잎을 다 엮은 후, 꽃잎 사
이사이에 긴 작은 꽃잎들을 노란색으로
표현한다.

꼭 사진대로 할 필요는 없다.

⑤ 같은 방식으로 나머지 꽃잎들을 연한 주황색 실
로 채워준다.

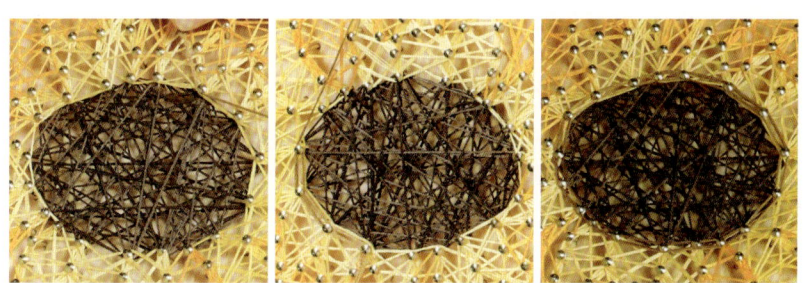

⑥ 황토색 실로 꽃심의 테두리를 11자 엮기로 둘러서 입체감 있게 마무리한다.

행복한 꿈의 부적, 드림캐쳐

재료

삼나무 집성목 판(150x220mm)
주황색 실(DMC 970)
보라색 실(DMC 3837)
초록색 실(DMC 910)
꾸미기 부자재
신주못 87개

도안 45p

① 바니쉬로 마감한 나무판에 도
안대로 못을 박는다.

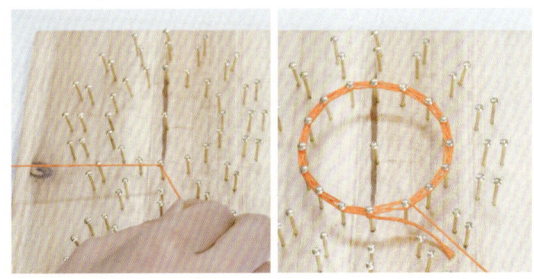

② 가장 안쪽의 원에 주황색 실을 묶고 X자 엮기로 원 테두리
를 이어준다.

③ 사각형으로 실을 엮고 한 칸씩 옮기면서 사각형을 반복하여 패턴을 만들어준다.

얇게 표현하기 위해 11자
로 돌리지 않는다.

④ 중심 못과 안쪽 원 사이의 못
을 X자로 한 번씩 엮으며 문양을
완성한다.

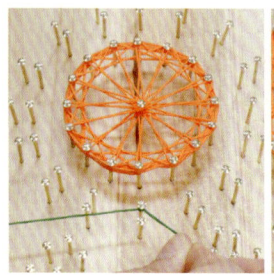  

⑤ 초록색 실을 두 번째 원에 묶고 X자 엮기로 안쪽 원과 연결하면서 테두리를 두른다.

⑥ 보라색 실로 가장 바깥의 원을 X자 엮기로 이어준 후, 두 번째 원의 못과 지그재그로 엮는다.

⑦ 깃털의 깃대와 외곽을 X자 엮기로 표현하고 깃털 무늬를 깃털 중심의 깃대로부터 외곽까지 사선으로 얇게 엮어서 표현한다.

 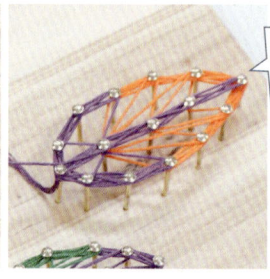

두 가지 색으로 깃털을 엮으면 더욱 입체적으로 표현할 수 있다.

원반과 깃털 사이가 좁은 경우, 나뭇잎 시작점에 실을 묶은 후 구슬을 끼우고 나뭇잎을 엮는 게 편하다.

검색창에서 '꾸미기 나무 비즈'로 검색하면 다양한 구슬이 있다. (아래 구슬은 다이소에서 구입)

⑧ 깃털과 원반 사이에 구슬을 달아서 마무리해준다.

열기구 타고
하늘 높이

재료

MDF 판(300 x 300mm)
파란색 실(DMC 995)
다홍색 실(DMC 608)
노란색 실(DMC 973)
갈색 실(DMC 433)
신주못 105개

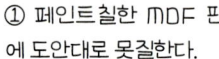

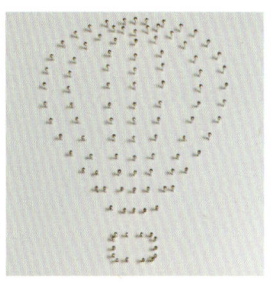

① 페인트칠한 MDF 판
에 도안대로 못질한다.

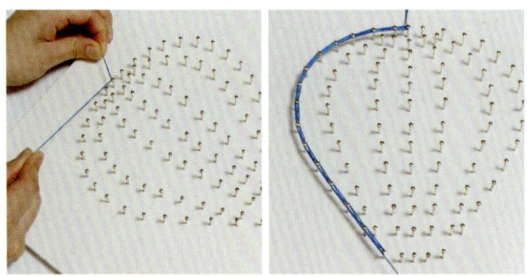

② 열기구 윗부분에 파란색 실을 묶고 왼쪽 바깥 테두리를 X
자 엮기로 이어준다.

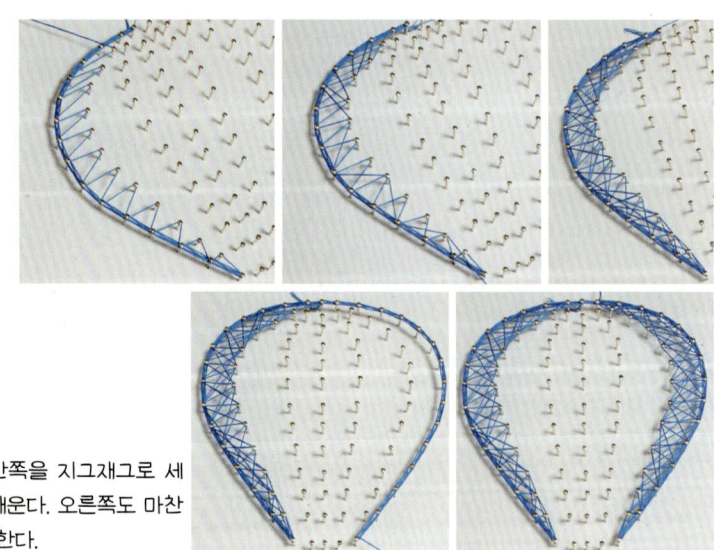

③ 테두리 안쪽을 지그재그로 세
번 오가며 채운다. 오른쪽도 마찬
가지로 표현한다.

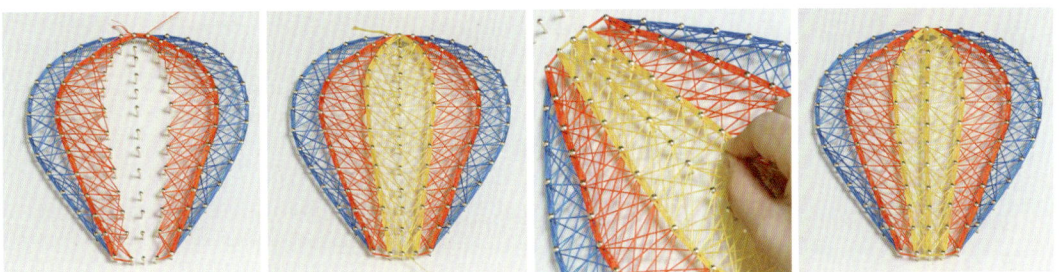

④ 마찬가지 방법으로 다홍색과 노란색도 채우고, 노란색으로 가운데 선까지 표현한 후 마무리한다.

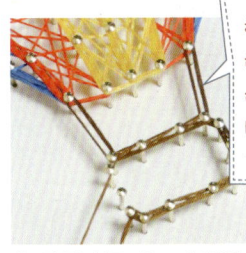

풍선과 연결하는 부분은 바구니 테두리를 잇는 도중에 11자로 엮으며 지나가야 이동 경로가 꼬이지 않는다.

⑤ 갈색 실로 바구니 왼쪽 아래부터 ✕자 엮기로 이어준다.

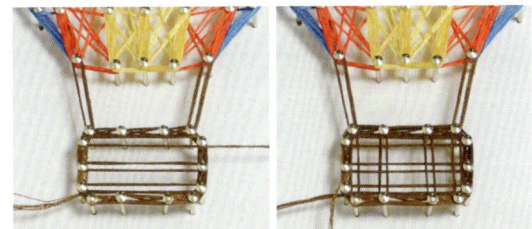

⑥ 바구니 문양은 가로세로 체크 모양이 되도록 11자로 엮어준다.

북유럽 감성을
깨우는
부엉이

재료

미송 집성목 판(180 x 267mm)
민트색 실(DMC 3849) 3개
주황색 실(DMC 970) 2개
노란색 실(DMC 973), 갈색 실(DMC 433)
신주못 127개

도안 49p

부엉이 눈동자 못은 실을 모두 감고 나서 맨 마지막에 박는다.

① 바니쉬로 마감한 나무판 에 도안대로 못을 박는다.

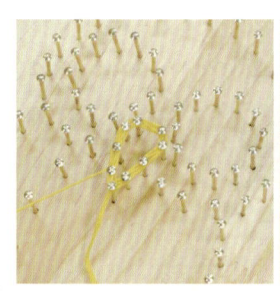
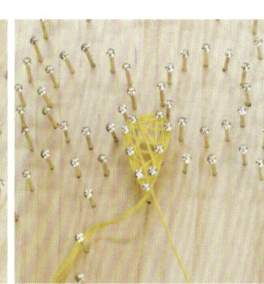

② 노란색 실을 부엉이 부리 부분에 묶고 X자 엮기로 부리 테두리를 이어준 후, 부리 안 쪽을 색칠하듯 채운다.

③ 주황색 실을 부엉이 눈의 테두리를 따라 X자 엮 기로 이은 후, 삼각형으로 실을 엮고 한 칸씩 옮기면 서 삼각형을 반복하여 패턴을 만들어준다.

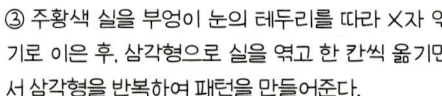

총 4개의 삼각형

다른 눈으로 이동할 때 실을 끊지 않고 그대로 넘어가도 괜찮다.

④ 다른 눈도 똑같이 엮고 나서, 날개 테두리 를 X자 엮기로 잇고 안쪽을 꼼꼼히 채운다.

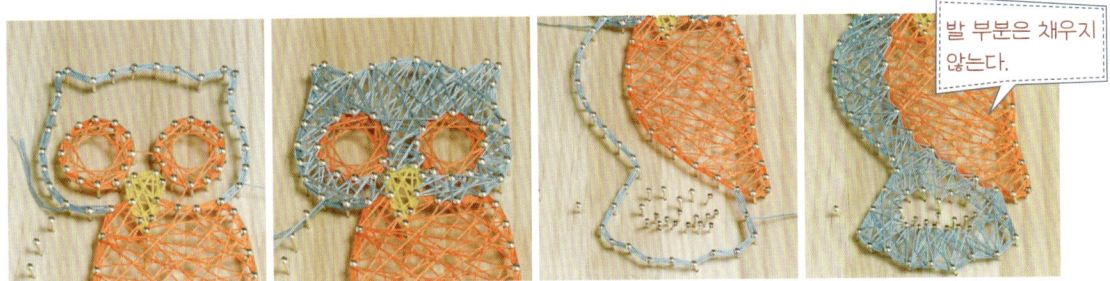

발 부분은 채우지 않는다.

⑤ 민트색 실로 얼굴과 몸통의 테두리를 따라 X자 엮기로 이은 후, 안쪽을 꼼꼼히 색칠하듯 채워준다.

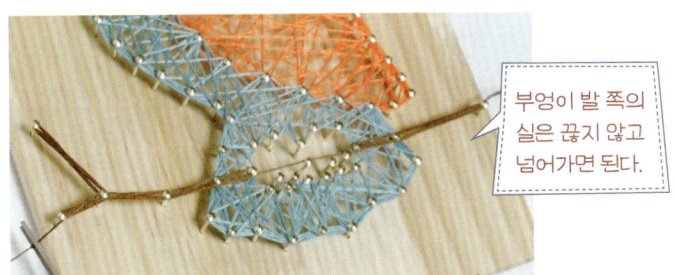

부엉이 발 쪽의 실은 끊지 않고 넘어가면 된다.

⑥ 갈색 실을 X자로만 이어서 나무를 표현해준다.

PLUS TIP

부엉이 눈을 색이 다른 못이나 비즈로 표현해도 좋다.

⑦ 노란색 실로 부엉이 발 테두리를 따라 X자 엮기로 잇고 안쪽을 채워준다.

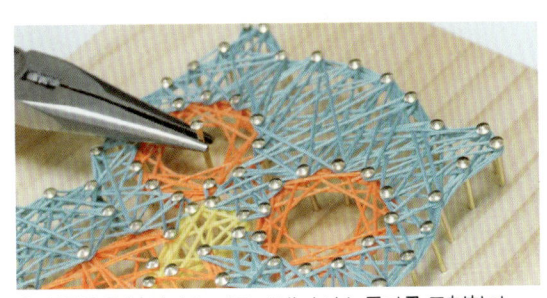

⑧ 신주못을 부엉이 눈 가운데 박아서 눈동자를 표현한다.

117

야자수 아래에서
달콤한 휴가를

재료

MDF 판(270 x 270mm)
연두색 실(DMC 907), 초록색 실(DMC 701)
노란색 실(DMC 973), 진분홍색 실(DMC 956)
황토색 실(DMC 420), 아크릴물감(흰색, 하늘색)
신주못 185개

118

도안 71p

하늘색 물감을 맨 위에 칠한 후 흰색을 조금씩 섞어가며 그라데이션되게 발라서 자연스럽게 흰색이 되게 한다.

① 흰 페인트로 마감한 MDF 판에 하늘색 아크릴물감과 흰색 아크릴물감으로 바다색을 표현한다.

② 그라데이션 처리된 MDF 판에 도안대로 못을 박는다.

③ 황토색 실로 야자수 아래 땅 테두리를 X자 엮기로 이은 후, 지그재그로 안쪽을 채워준다.

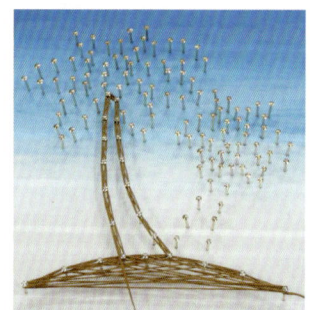
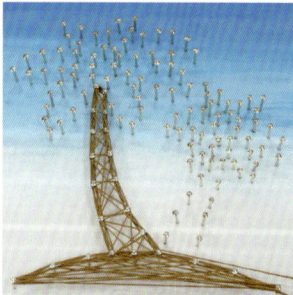

④ 황토색 실로 야자수 몸통 테두리를 X자 엮기로 두르고, 안쪽을 색칠하듯이 채운다.

⑤ 초록색 실과 연두색 실로 야자수잎 테두리를 ✕자 엮기로 두르고 안쪽을 색칠하듯이 채운다.

⑥ 진분홍색 실로 플라밍고 튜브의 테두리를 ✕자 엮기로 두르고 안쪽을 색칠하듯 채운다.

⑦ 플라밍고 부리를 노란색 실로 표현하여 마무리한다.

서커스 하는

코끼리

재료

MDF 판(180 x 180mm)
납회색 실(DMC 317)
연두색 실(DMC 704), 빨간색 실(DMC 666)
아크릴물감(하늘색 or 흰색+파란색 섞어서)
신주못 93개

도안 51p

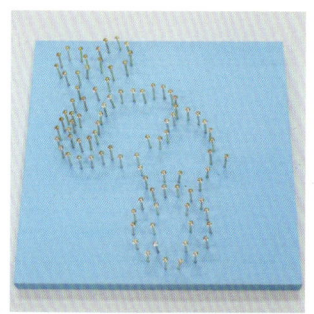

① 하늘색 아크릴물감으로 마감한
MDF 판에 도안대로 못을 박는다.

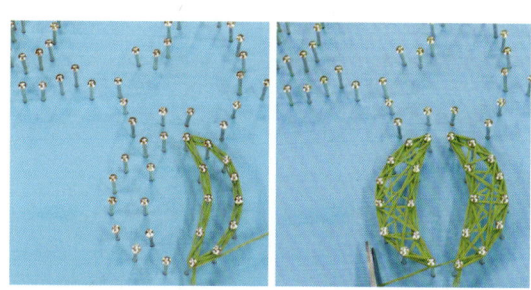

② 연두색 실로 서커스 공의 양옆을 X자 엮기로 테두리를 만
든 후, 색칠하듯 채워준다.

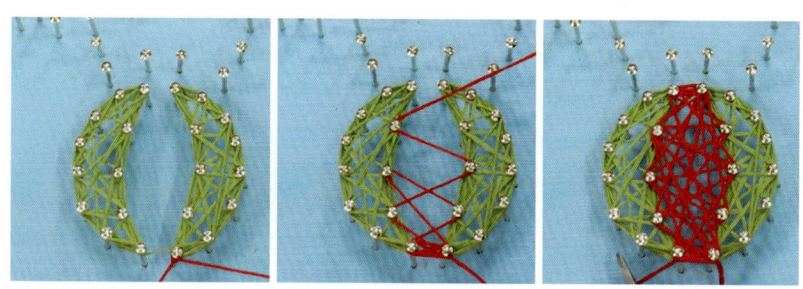

③ 연두색 무늬 사이에 빨간색 실을 묶어 지그재그로 엮어준다.

귀 부분까지 테두리를
넣는다.

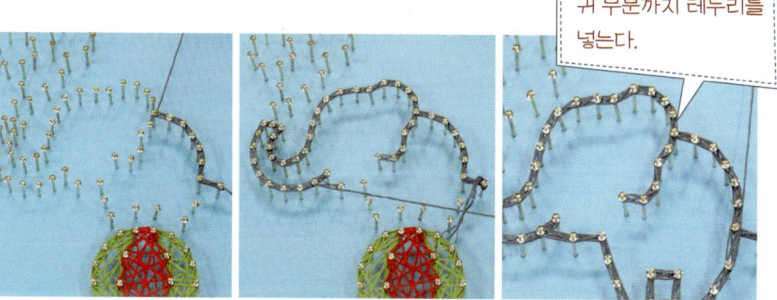

④ 납회색 실을 코끼리 꼬리 끝
에 묶고 X자 엮기로 코끼리 테두
리를 표현한다.

123

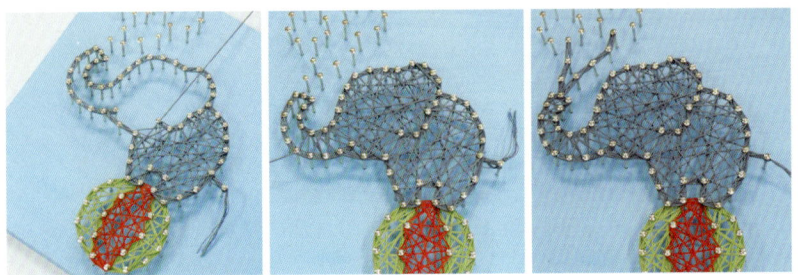

⑤ 코끼리 몸 안쪽을 채우고 나서 같은 실로 풍선 끈 부분도 X자 엮기로 이어준다.

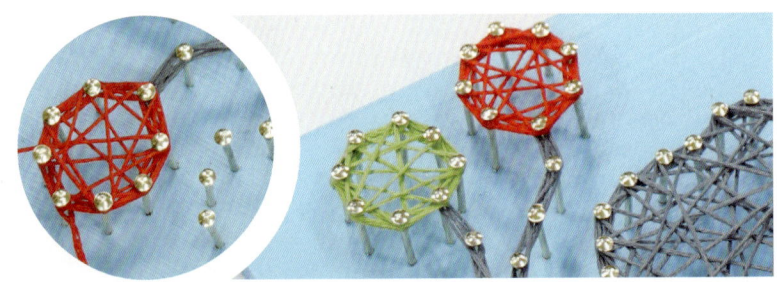

⑥ 빨간색 실과 연두색 실로 풍선을 만들어준다.

실을 한 가닥씩 풀어서 진짜 꼬리처럼 보이게 한다.

⑦ 코끼리 꼬리에 남은 실은 목공풀로 붙이지 않고 조금 남겨서 꼬리를 표현한다.

풍차와 튤립이 있는

풍경

재료

미송 집성목 판(270 x 270mm)
진갈색 실(DMC 938), 빨간색 실(DMC 666)
연두색 실(DMC 704), 주황색 실(DMC 970)
노란색 실(DMC 973), 신주못 203개

도안 73p

① 바니쉬로 마감한 나무판
에 도안대로 못을 박는다.

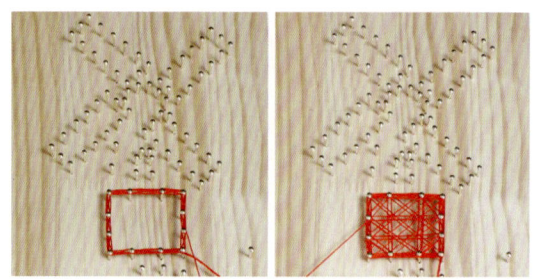

② 빨간색 실로 풍차의 몸체 아래를 X자 엮기로 테두리 두른
후, 안쪽을 가로, 세로, 대각선으로 11자 엮기를 하여 채워준다.

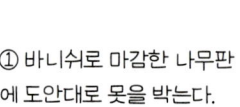
지붕 테두리도 포함하여 엮는다.

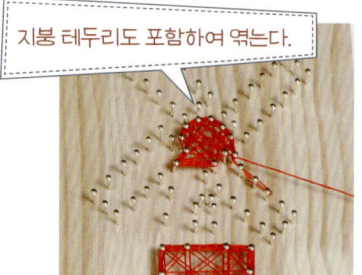

③ 빨간색 실로 풍차 날개의 중심
을 X자 엮기로 테두리를 표현한 후,
안쪽을 꼼꼼히 색칠하듯 채운다.

④ 진갈색 실로 풍차의 지붕
과 창문 테두리를 X자 엮기로
잇고 나서, 안쪽을 꼼꼼히 채
운다.

⑤ 진갈색 실로 풍차 날개의
테두리를 X자 엮기로 이은 후
안쪽은 가로, 세로 11자 엮기
로 표현한다.

실을 끊지않고 풍차 밑이나
튤립 꽃을 지나가면 된다.

⑥ 연두색 실을 11자 엮기로 언덕
테두리를 돌려준다.

⑦ 튤립 줄기와 잎의 테두리를 연두색 실로 X자 엮기한 다음 잎 안쪽을 채운다.

잎을 채울 때 잎맥을 표현하듯이 결을 살려서 엮어주면 더 좋다.

⑧ 튤립 꽃의 테두리는 주황색 실, 노란색 실, 빨간색 실로 X자 엮기로 두르고, 안쪽은 색칠하듯이 채워서 꽃을 표현한다.

생활 소품으로 탄생한
스트링아트

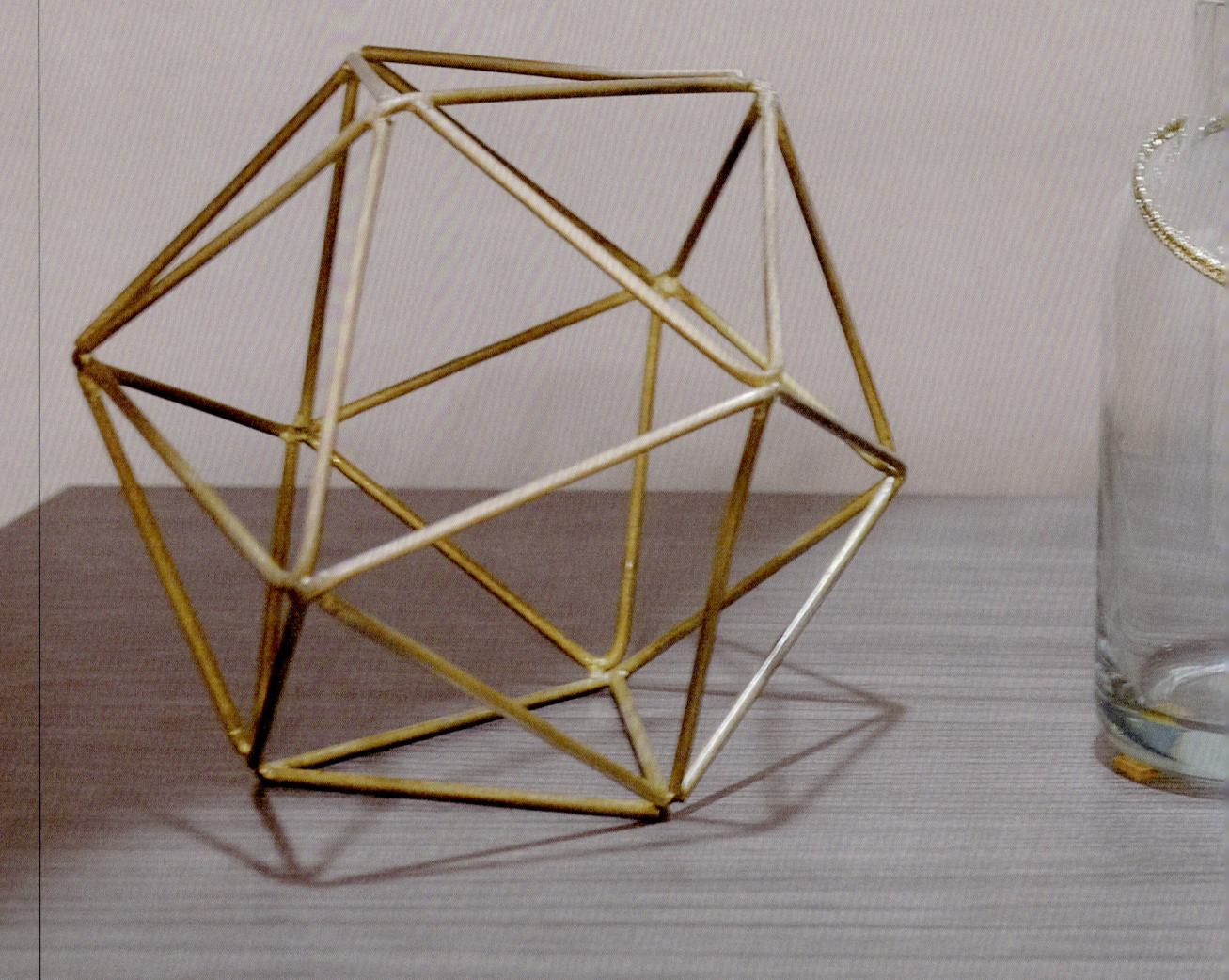

시간을 담는
액자

재료

미송 집성목 판(180 x 180mm)
하늘색 실(DMC 809)
진파란색 실(DMC 803)
스텐실 도안, 아크릴물감
신주못 36개

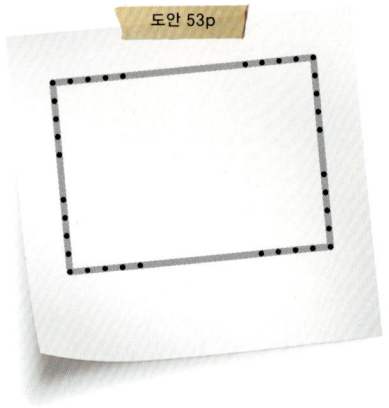

① 바니쉬로 마감한 나무판에 도안대로 못을 박는다.

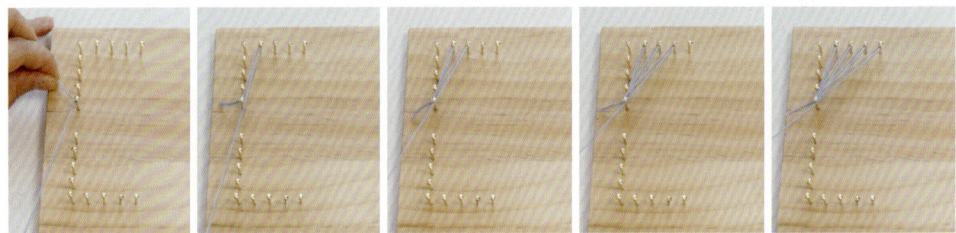

② 액자 귀퉁이 한쪽 끝에 하늘색 실을 묶고 마주 보는 변의 두 번째 못부터 차례대로 11자 엮기로 이어준다.

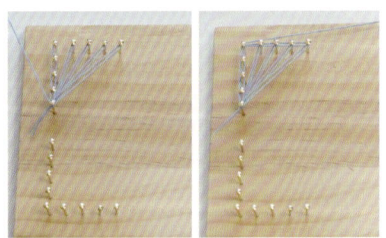

③ 기역 자 귀퉁이의 못 다섯 개를 한꺼번에 11자로 감아서 표현한다.

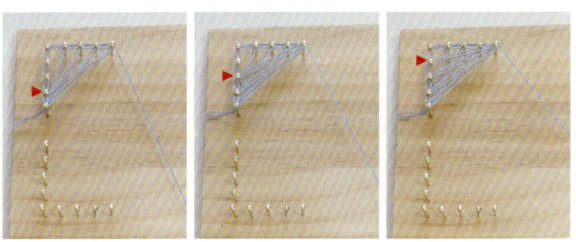

④ 액자 귀퉁이 다른 쪽 끝에서 마주 보는 변을 두 번째 못부터 차례대로 11자로 감는다.

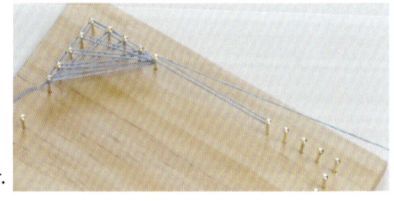

⑤ 다른 귀퉁이까지 11자 엮기로 이으며 건너간다.

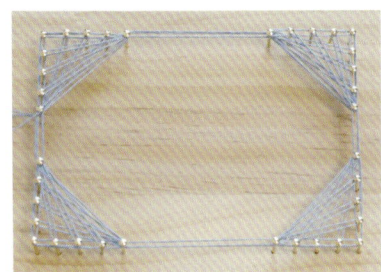

⑥ 같은 방식으로 네 귀퉁이를
엮어서 마무리한다.

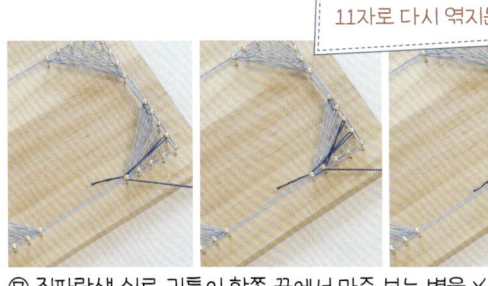

11자로 다시 엮지는 않는다.

⑦ 진파란색 실로 귀퉁이 한쪽 끝에서 마주 보는 변을 X자로 엮으
며 못을 이동하여 패턴을 만든다.

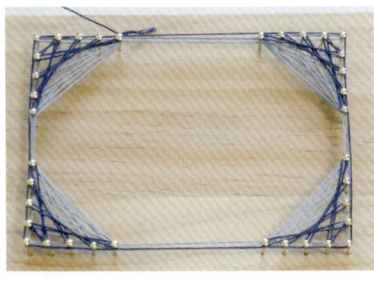

⑧ 액자 외곽을 두르며 이동하여 다른 귀퉁
이도 표현해준다.

⑨ 나무판 빈 곳에 스텐실을 찍어서 꾸민다.

133

흙도 필요 없다,
공중 식물 화분

재료

미송 집성목 원형(지름 220mm)
자투리 실,
틸란드시아 이오난사(공중 식물)
신주못 20개 내외

① 바니쉬로 마감한 나무판에 못 박을 부분을 자유롭게 표시한 후 못을 박는다.

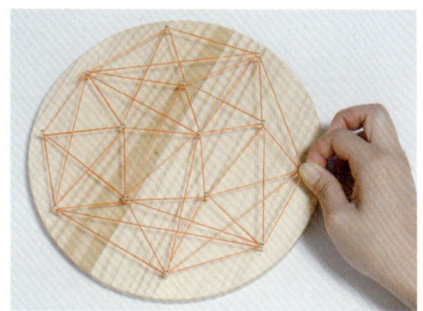

② 실이 겹치지 않도록 하며 자유롭게 실을 이어준다.

잠깐! 공중 식물, 틸란드시아(Tillandsia)는 뭔가요?
공기 속의 수분과 먼지 속의 미립자를 흡수하며 자라는 식물로 인테리어 소품으로 인기가 많다. 흙에 심지 않아도 되지만, 일주일에 한 번(여름철엔 두 번)은 잎 전체가 젖도록 분무기로 물을 줘야 한다. 이오난사, 유스네오데스, 휴스톤, 코튼캔디, 불보싸 등이 있으며, 이오난사가 가장 대중적이다.

③ 틸란드시아 이오난사를 실 사이에 꽂는다.

PLUS TIP

예쁜 문구나 스텐실 등으로 꾸미면 선물용으로 좋다.

나비가 앉은

메모판

재료

MDF 판(180 x 267mm)
노란색 그라데이션 실(DMC 90) 2개
코르크 판(180 x 100mm), 공예용 줄
신주못 76개

도안 55p

① 바니쉬로 마감한 MDF
판에 도안대로 못을 박는다.

② 나비 테두리를 따라 X자 엮
기로 못을 이어준다.

그라데이션이 자연스럽게 표현
되도록 실을 엮는다.

③ 안쪽을 색칠하듯이 채워준다.

④ 작은 나비도 마찬가지로 표현한다.

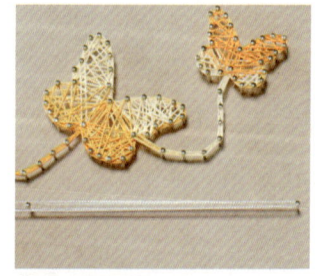

⑤ 공예용 줄을 여러 번 감아서 메
모를 거는 줄을 만든다.

목공풀로 붙인다.

꽃보다 화병

재료

삼나무 집성목 판(150 x 220mm)
연두색 실(DMC 704)
드라이플라워(또는 조화)
신주못 50개

도안 57p

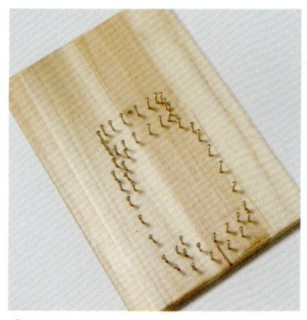
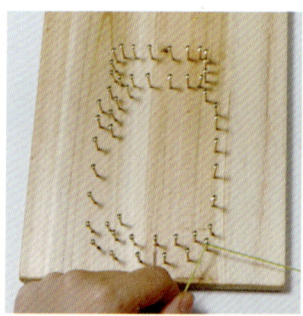

① 바니쉬로 마감한 나무판에 도
안대로 못을 박는다.

② 연두색 실을 화병 아래에 묶고 테두리를 따라 X자 엮기로 화병 입
구와 입체감까지 표현한다.

③ 화병 입구 안쪽은 지그재그로
채워준다.

④ 화병 바닥 입체 테두리를 X자 엮기로 표현한다.

⑤ 드라이플라워를 화병 길이만큼 잘라서 꽃꽂이하듯 실 안쪽으로 넣는다.

바니쉬 마감한 판이라 생화를 꽂아도 괜찮다.

화수분 같은 시간을
선사하는
패턴 시계

재료

원형 MDF 판(지름 200mm)
시계 부속품(바늘과 무브)
보라색 계열(DMC 3726, 3727, 3837, 915)
검정 페인트, 신주못 22개

144

도안 75p

① 검정 페인트와 바니쉬로 마감한 MDF 판에 도안대로 못을 박는다.

외곽에 실이 한 번씩 지나가도록 한 바퀴 돌려서 마무리한다.

② 가장 밝은 색인 3727번 실로 3칸씩 띄어 육각형을 만들고 한 칸씩 옆으로 이동하면서 모든 못에 실이 V자로 걸릴 때까지 반복하여 패턴을 만든다.

③ 3837번 실로 4칸씩 띄어 패턴을 만든다. 색에 따라 실 엮는 높이를 다르게 하면 더욱 입체감 있게 표현된다.

④ 3726번 실로 5칸씩 띄어서 패턴을 만든다.

⑤ 915번 실로 6칸씩 띠어서
패턴을 만든다.

⑥ 시계 무브와 바늘을 달아준다.

'원형 시계 뒷판'을 검색하여 지름 200mm의 중
형을 구매하면 된다. 시계 부속을 끼워야 하므로
DIY 시계용 반제품을 사는 게 편리하다.

PLUS TIP
스텐실이나 숫자 스티커로 시계 숫자를 표현해도 좋다.

146

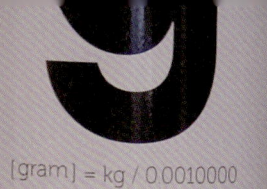

재료

미송 집성목 판(180 x 267mm)
검은색 실(DMC 310) 2개
컨버터 내장형 LED 램프(3W)
아이스크림 소켓 세트(E26 베이스)
무접지 케이블
45mm 나무못 37개

도안 59p

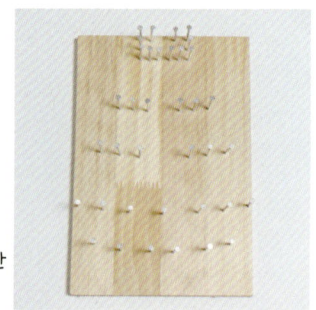

① 바니쉬로 마감한 나무판
에 도안대로 못을 박는다.

케이블과 소켓 연결
방법은 인터넷에서
쉽게 찾을 수 있다.

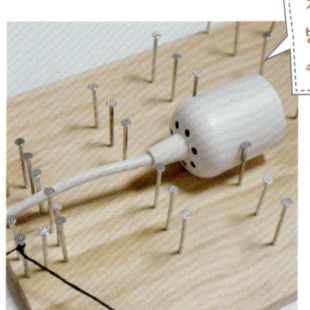

① 무접지 케이블과 소켓 세트를
연결한 후 소켓을 나무판 위에 올
린다.

② 검은색 실을 상단의 네모 모양에 X자 엮기로 이어
주고 안쪽을 꼼꼼하게 채운다.

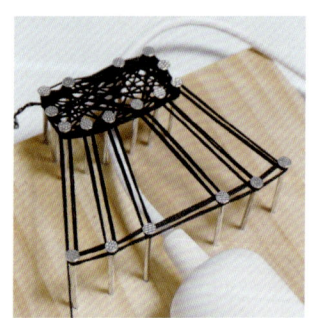

④ 조명 갓 부분을 11자 엮기로 3
번 엮어서 또렷하게 표현한다.

⑤ 램프를 끼우고 소켓과 조명 위치를 잘 잡은 후, 테두리대로 계속 이
어서 마무리한다.

오래된 도마가
다용도 걸이로

재료

나무 도마, 납회색 실(DMC 317)
진갈색 실(DMC 938)
다용도 걸이 핀
신주못 101개

도안 61p

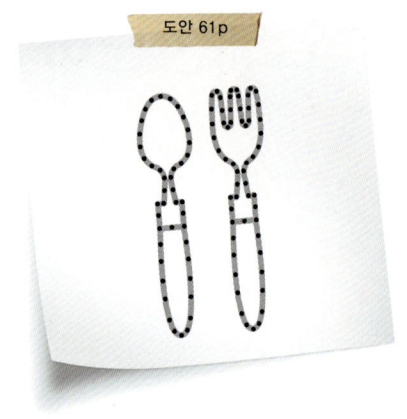

나무 도마를 리폼할
때는 필히 사포질로
나뭇결을 정리한다.

① 바니쉬로 마감한 나무판에 도안대로 못을 박는다.

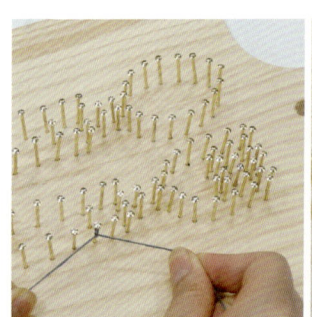

② 납회색 실을 포크의 쇠 시작 부분에 묶고 테두리를 따라 X자 엮기
로 이어준다.

③ 스푼도 마찬가지로
납회색 실로 엮는다.

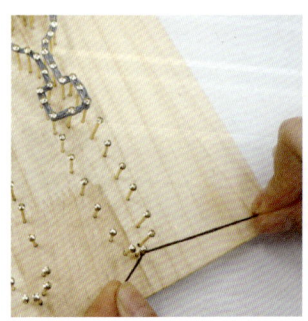

④ 진갈색 실로 포크 손잡이 테두리를 X자 엮기
로 엮은 후 안쪽을 꼼꼼히 채운다.

⑤ 마찬가지로 스푼 손잡
이도 엮어서 마무리한다.

⑥ 다용도 걸이 핀을 글루건으로 붙여준다.

부엌 행주 걸이나, 열쇠 걸이로 쓰기 좋다.

명화, 명소와 만난
스트링아트

앙리 마티스의
푸른 누드

재료

MDF 판(270 x 270mm)
진파란색 실(DMC 820) 3개
신주못 154개

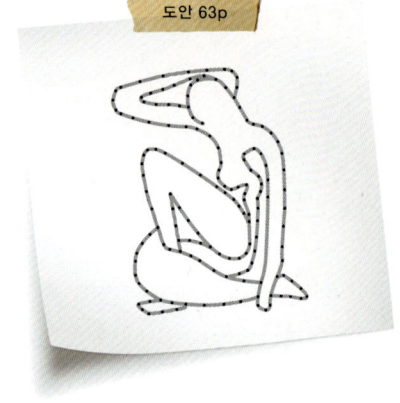

도안 63p

① 페인트와 바니쉬로 마감
한 MDF 판에 도안대로 못
을 박는다.

테두리 간격이 좁은 부
분도 꼼꼼하게 표현한다.

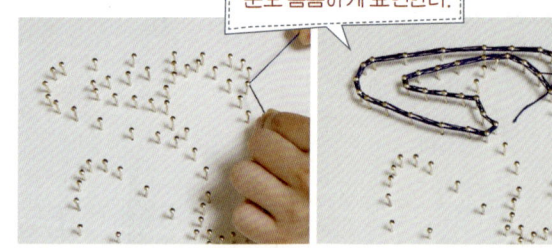

② 진파란색 실을 위로 올린 손에 묶고 ✕자 엮기로 테두리를 이어준다.

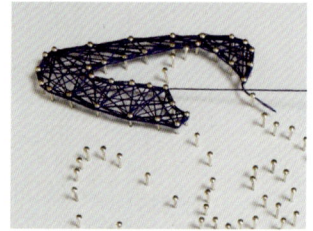

③ 테두리 안쪽을 꼼꼼하게 채운다.

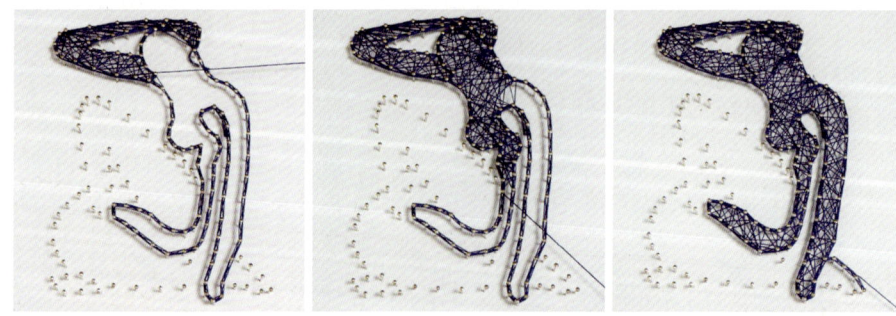

④ 머리를 포함한 테두리를 ✕자 엮기로 두른 후 꼼꼼히 색칠하듯이 채운다.

158

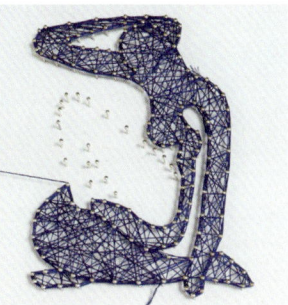

⑤ 다리도 ✕자 엮기와 채우기로 표현한다.

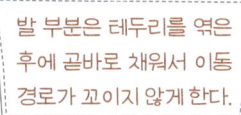
발 부분은 테두리를 엮은 후에 곧바로 채워서 이동 경로가 꼬이지 않게 한다.

⑥ 나머지 세운 다리도 같은 방법으로 마무리한다.

* 앙리 마티스(henri matisse, 1869~1954)의 푸른 누드(Blue Nude I, 1952)를 스트링아트로 표현한 작품

앙리 마티스의
이카루스

재료

MDF 판(300 x 300mm)
검은색 실(DMC 310) 2개
노란색 실(DMC 725), 빨간색 실(DMC 666)
아크릴물감(코발트블루 or 파랑)
신주못 172개

도안 77p

① MDF 판을 코발트블루
아크릴물감으로 칠한다.

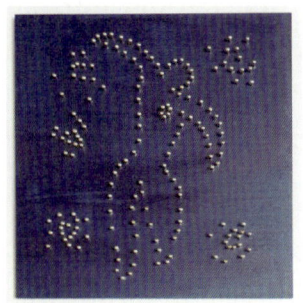

② 도안대로 못을 박는다.

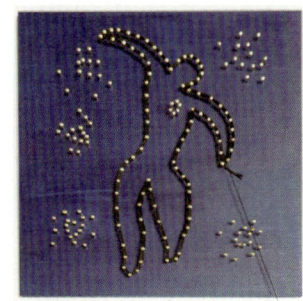

③ 검은색 실로 이카루스의 테두리를 X자 엮기로 이은 후, 심장 부분
을 제외한 나머지를 채워준다.

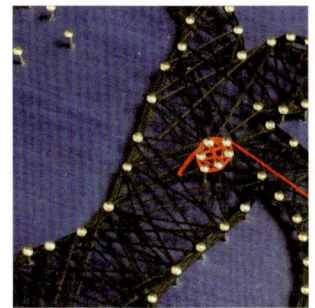

④ 빨간색 실로 심장을 채우고 심장
외곽을 한 번 둘러서 마무리한다.

⑤ 날개 깃털을 노란색 실로 11자 엮기하여 표현한다.

* 앙리 마티스(henri matisse, 1869~1954)의 이카루스(Icarus, 1947)를 스트링아트로 표현한 작품

모네의 수련,
나의 수련

재료

MDF 판(300 x 300mm)
분홍색 실(DMC 604) 2개
연한 베이지색 실(DMC 746)
연두색 실(DMC 906)
초록색 실(DMC 909)
아크릴물감(흰색, 하늘색)
신주못 164개

도안 79p

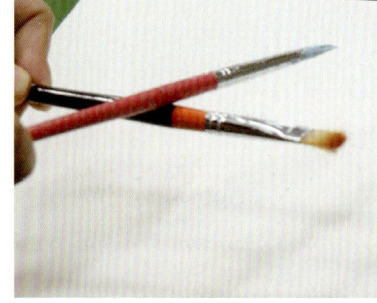

흰색 아크릴물감과 물을 조금씩 섞
으면서 다양한 색이 나오도록 여러
번 튀겨준다. 너무 묽지 않게 할 것.

① 하얀 페인트로 마감한 MDF 판에 하늘색 아크릴물감을 튀겨서
물을 표현한다.

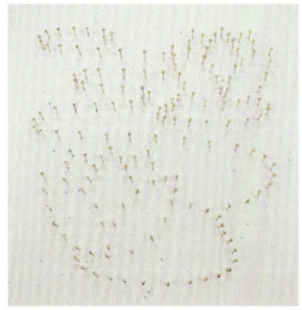

② 준비한 판에 도안대로 못을 박
는다.

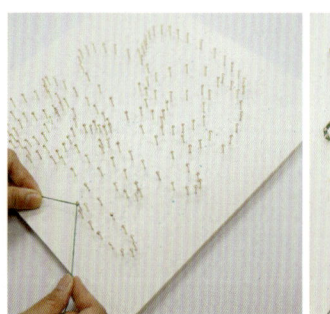

③ 상단의 수련 줄기에 초록색 실을 묶고 X자 엮기로 이어서 연잎까
지 테두리를 표현한다.

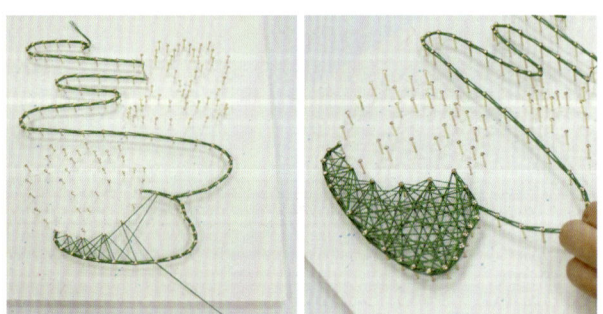

④ 연꽃 테두리와 연잎 사이를 색칠하듯이 채워서 연잎을 완성한다.

⑤ 같은 방법으로 연두색 실을 엮
어서 작은 연잎을 표현한다.

꽃잎과 꽃잎 사이는 중간까지만 채운다.

⑥ 큰 연꽃의 아래쪽 꽃잎 테두리를 연한 베이지색 실로 X자 엮기하며 이어주고, 안쪽을 채운다.

가운데 꽃잎은 연한 베이지색과 겹치게 해서 자연스럽게 이어지도록 한다.

⑦ 큰 연꽃의 위쪽 꽃잎을 분홍색 실을 이용해 X자 엮기와 채우기로 표현해준다.

⑧ 작은 연꽃은 분홍색 실로 모든 꽃잎을 엮어준다.

세계명소를 담다,

에펠탑

재료

MDF 판(180 x 267mm)
금색 실(DMC E3821) 2개
밀크페인트 남색
신주못 116개

도안 81p

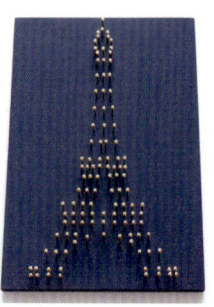

① 남색 밀크페인트를 칠한 MDF 판에 도안대로 못을 박는다.

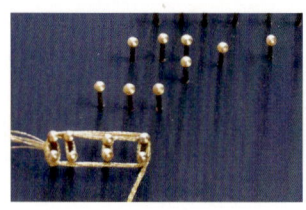

② 에펠탑 왼쪽 다리를 11자 엮기로 이어 준 다음 4개의 기둥을 한 바퀴 더 감는다.

③ 위층도 11자 엮기로 이으면서 가운데 문양이 X자가 되도록 표현한다.

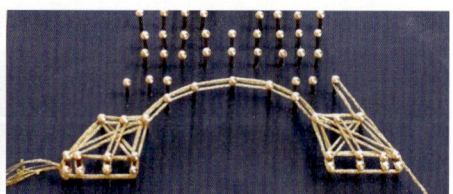

④ 테두리와 아치 부분은 11자 엮기로 연결하고, 가운데 문양은 X자가 되도록 엮는다.

X자 문양은 넣지 않는다.

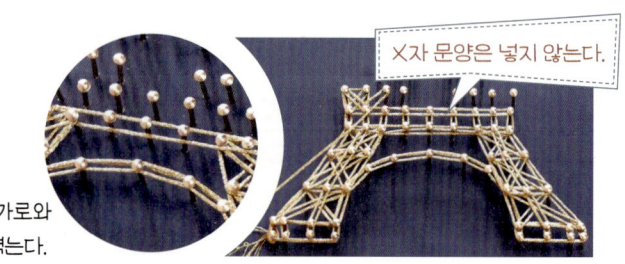

⑤ 아치 위층의 가로와 세로를 11자로 엮는다.

⑥ 층 구분은 X자 문양 없이 11자로만, 나머지는 X자 문양을 넣으며 계속해서 엮는다.

X자 문양이 에펠탑 작품의 포인트!

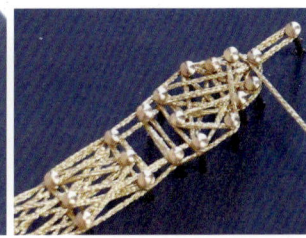

⑦ 첨탑 바로 아래층은 X자 문양 없게 엮고, 첨탑은 11자로, 첨탑 아래 지붕은 지그재그로 채워서 마무리한다.

세계명소를 담다,
자유의 여신상

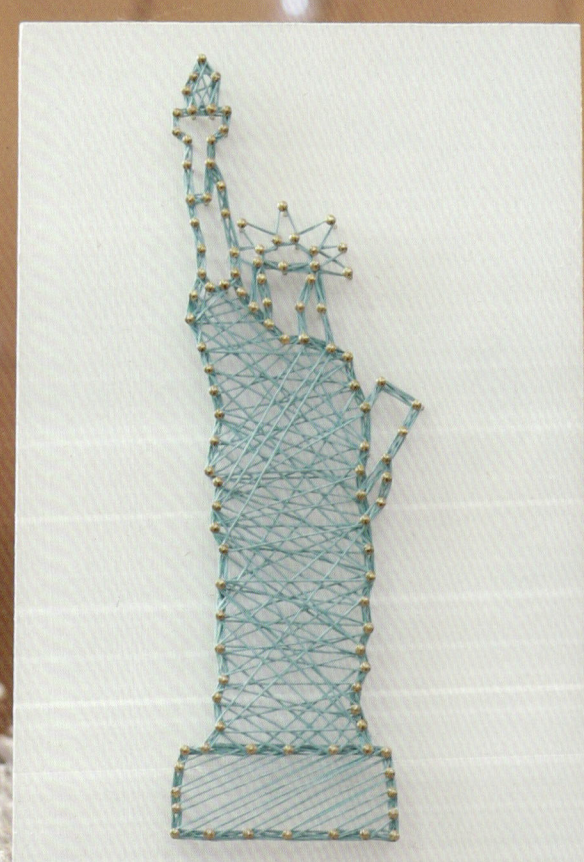

재료

MDF 판(180 x 267mm)
민트색 실(DMC 3849) 2개
신주못 109개

도안 83p

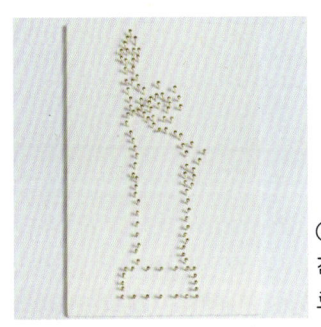

① 페인트와 바니쉬로 마
감한 MDF 판에 도안대
로 못을 박는다.

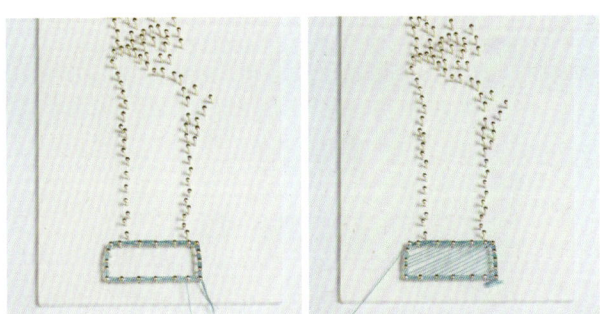

② 자유의 여신상 밑단의 테두리를 X자 엮기로 이어주고 빗금으로 표
현해준다.

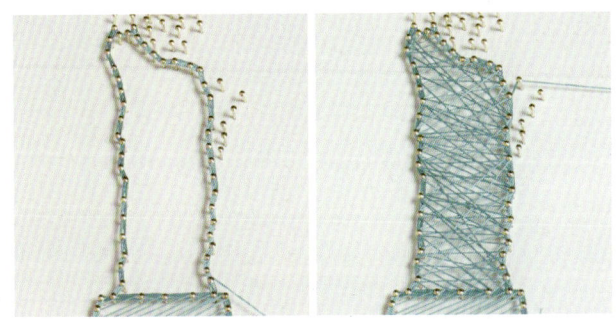

③ 여신상 몸의 테두리를 X자 엮기로 이어주고 안쪽을 색칠하듯 채운다.

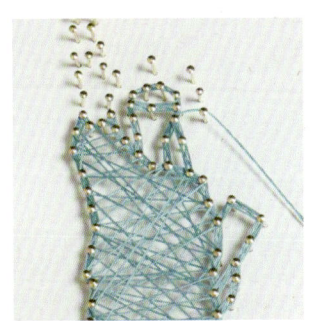

④ 책과 여신상 얼굴은 X자 엮기로
테두리만 두른다.

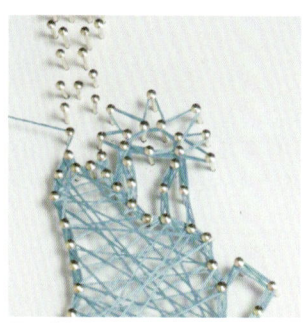

⑤ 면류관은 지그재그로 엮어준다.

⑥ 횃불을 든 손의 테두리를 X자 엮기로 잇고 횃불 안쪽만 채워서 마무리한다.

세계명소를 담다,
금문교

재료
MDF 판(300 x 300mm)
빨간색 실(DMC 666) 3개
밀크페인트 남색
신주못 146개

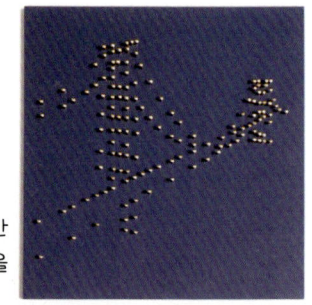

① 남색 밀크페인트를 칠한 MDF 판에 도안대로 못을 박는다.

② 도로 부분 테두리를 먼저 X자 엮기로 이은 후 안쪽을 색칠하듯 채운다.

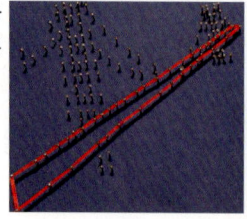 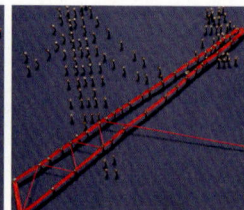 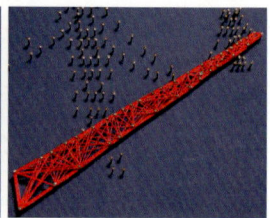

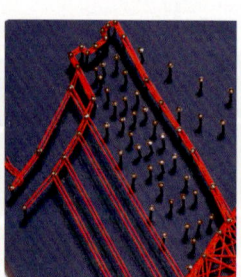 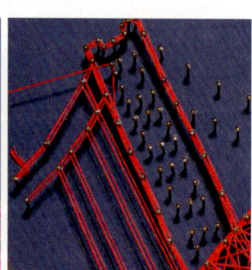

③ 케이블은 11자 엮기로, 타워의 테두리는 X자 엮기로 표현한다.

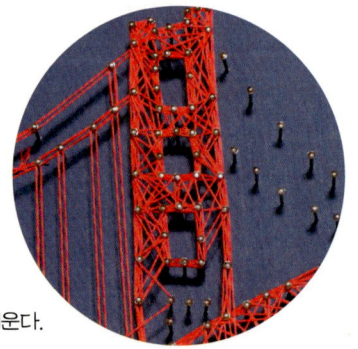

④ 타워 안쪽을 색칠하듯이 채운다.

⑤ 나머지 케이블과 타워도 마찬가지로 표현하여 마무리한다.

세계명소를 담다,
오페라하우스

재료

MDF 판(300 x 300mm)
흰색 실(DMC BLANC) 3개
노란색 그라데이션 실(DMC 90)
빨간색 그라데이션 실(DMC 107)
아크릴물감(검정, 남색)
신주못 238개

도안 87p

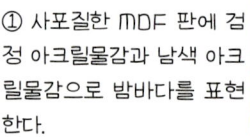
남색 물감을 먼저 칠한 후 검정색을 조금씩 섞어가며 그라데이션되게 바른다.

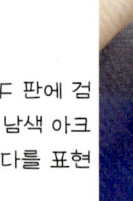

① 사포질한 MDF 판에 검정 아크릴물감과 남색 아크릴물감으로 밤바다를 표현한다.

② 도안대로 못을 박는다.

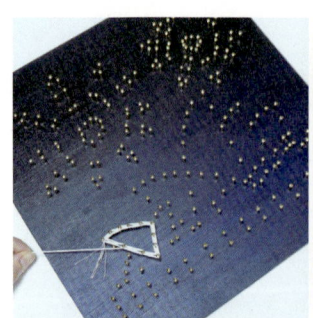

③ 오페라하우스의 날개 모양을 흰색 실로 ×자 엮기하여 테두리 두른 후 지붕 부분만 색칠하듯 채워준다.

④ 나머지 날개도 마찬가지로 표현한다.

⑤ 건물 밑부분 테두리를 ×자 엮기로 표현한다.

⑥ 맨 아랫단을 지그재그로 오가며 X자 문양으로 엮어준다

폭죽 불꽃은 실을 이어서
표현한다.

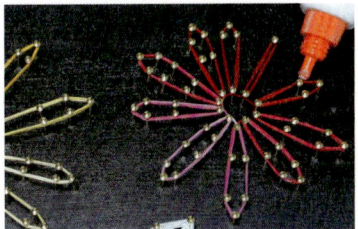

⑦ 노란색 그라데이션 실로 왼쪽 불꽃 테두리
를 따라 두 번씩 감아준다.

⑧ 오른쪽 불꽃도 빨간색 그라데이션 실
로 똑같이 감아준다.

재료	종류	구매처	구매가격	비고
십자수 실	DMC 단색	인터넷 쇼핑몰 다수	500~600원	DMC 자수실로 검색
8m 타래실	DMC 금/은사	인터넷 쇼핑몰 다수	2,200~2,500원	DMC 금사로 검색
	DMC 복합사 (그라데이션)	인터넷 쇼핑몰 다수	500~600원	DMC 복합사로 검색
	DMC 베리에이션사 (혼합 파스텔)	인터넷 쇼핑몰 다수	1,200~1,300원	DMC 베리에이션으로 검색
MDF	12t, 150x220	페인트인포	550원	판매처는 많으나 사이트 규모(안정성)와 재단 가격을 기준으로 추천 * 페인트인포 (www.paintinfo.co.kr) * 손잡이닷컴 (www.sonjabee.com)
	12t, 180x180	페인트인포	550원	
	12t, 180x267	페인트인포	600원	
	12t, 270x270	페인트인포	1,000원	
	12t, 300x300	페인트인포	1,200원	
미송	12t, 150x220	페인트인포	1,300원	
	12t, 180x180	페인트인포	1,300원	
	12t, 180x267	페인트인포	2,000원	
	12t, 270x270	페인트인포	3,000원	
	12t, 300x300	페인트인포	3,700원	
	12t, 지름220 원형	손잡이닷컴	2,640원	
삼나무	12t, 150x220	페인트인포	900원	
	12t, 180x180	페인트인포	900원	
	12t, 180x267	페인트인포	1,300원	
	12t, 270x270	페인트인포	2,000원	
	12t, 300x300	페인트인포	2,500원	
	12t, 지름220 원형	손잡이닷컴	2,060원	
우드락	10t, 300x420	메가피스문구(www.megaffice.co.kr)	1,170원	작품 크기에 맞게 직접 재단
신주못	22mm, 약 200g(약 570개)	인터넷 쇼핑몰 다수	2,300~2,500원	신주못 200g으로 검색

2016년 8월 기준 정보

✳ 다이소 매장에서 망치, 롱노우즈, 사포, 핀셋을 1,000원~3,000원의 저렴한 가격에 구매할 수 있다. 특히 수예 코너에 가면 8m 길이의 자수실 원색 8종, 그라데이션사 8종이 있는 세트를 각각 1,000원에 구할 수 있다.

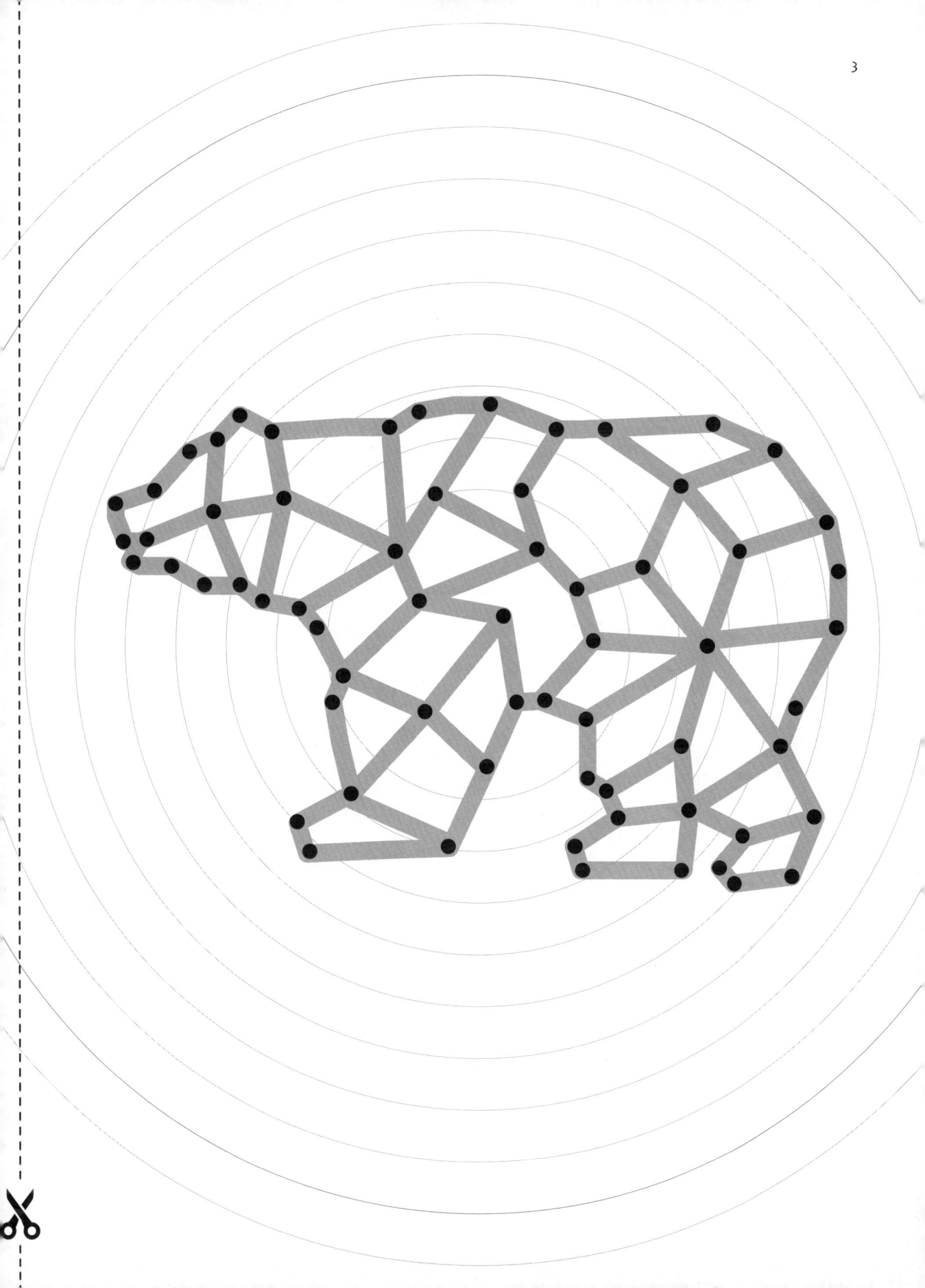

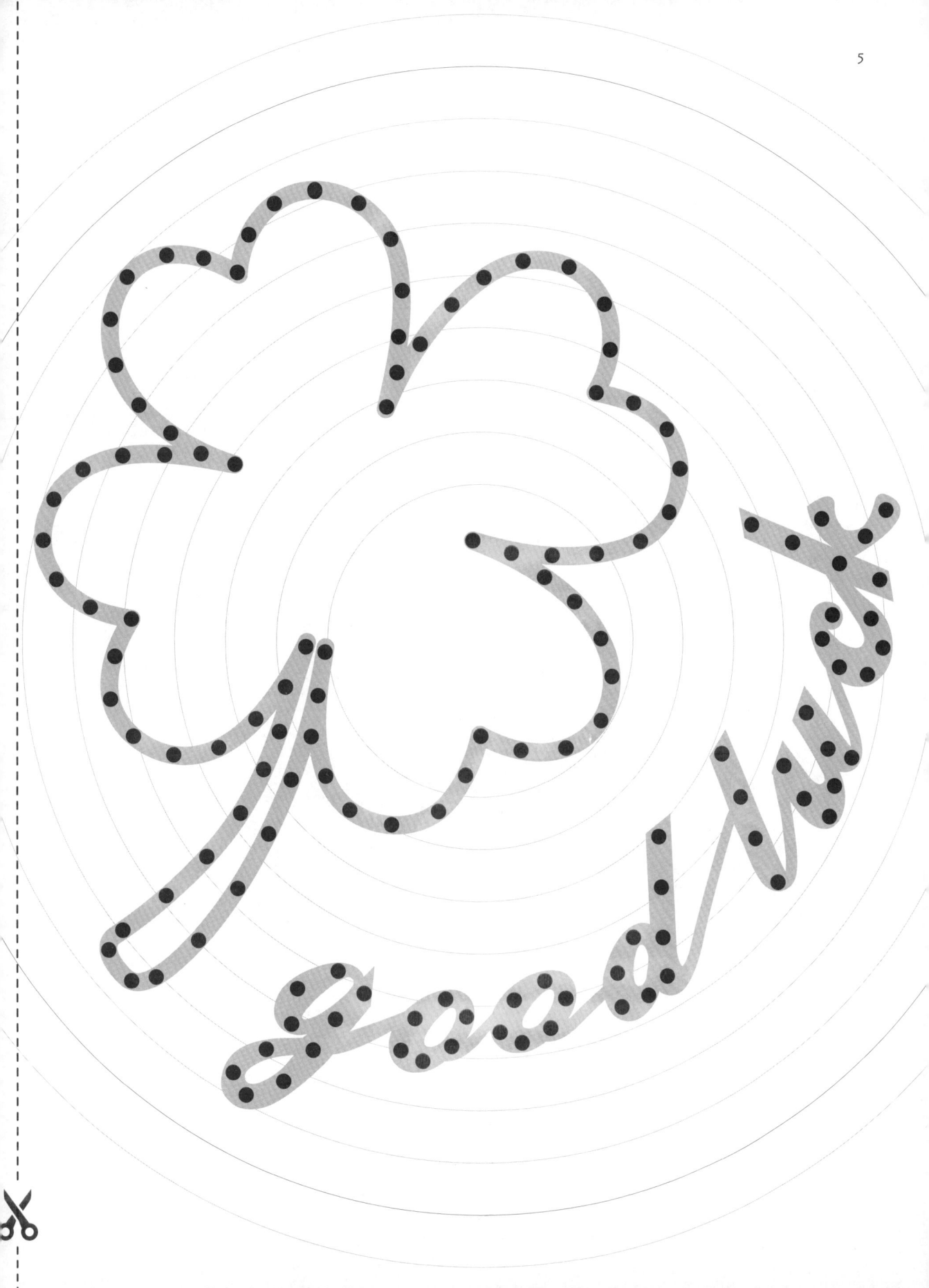

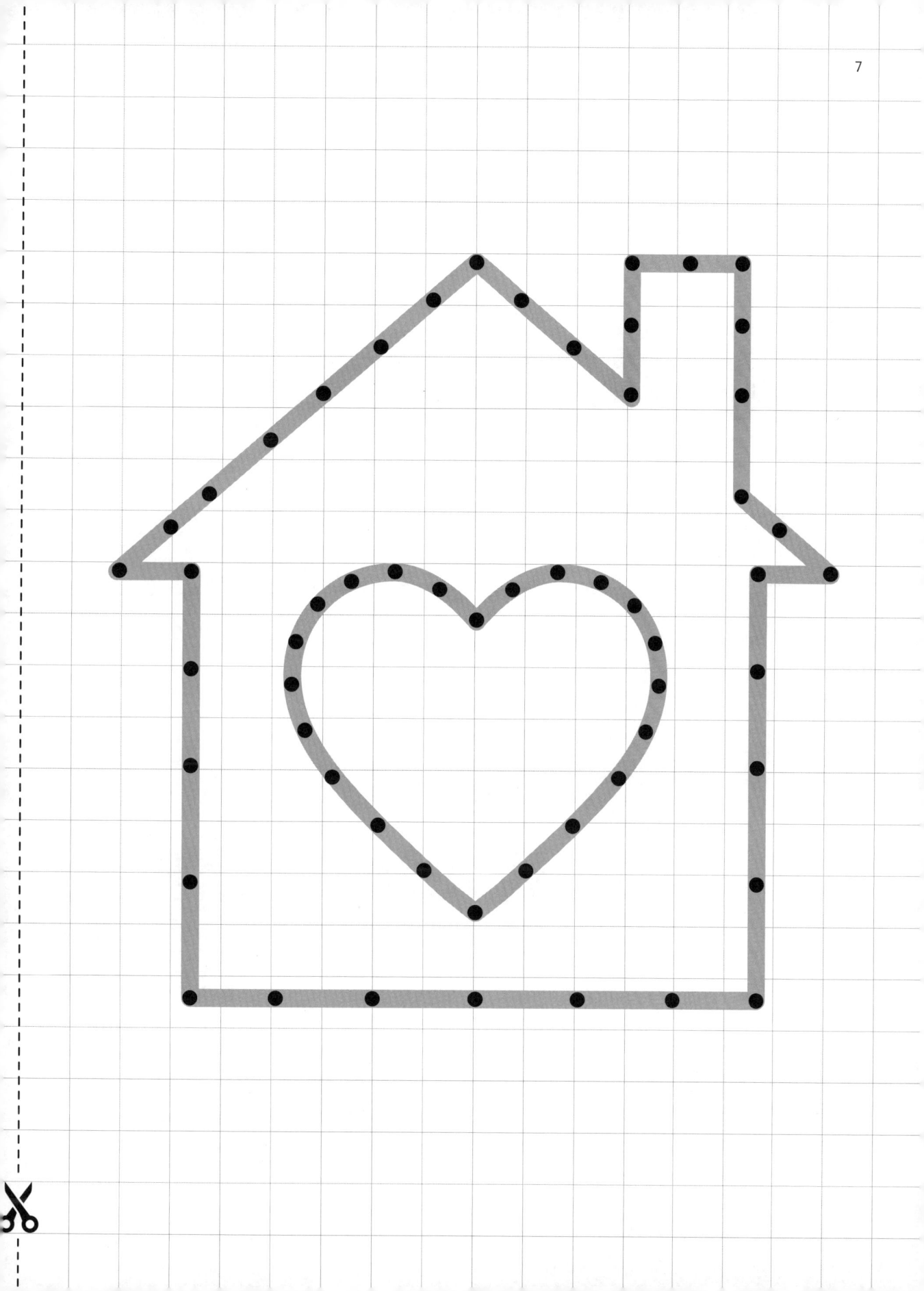

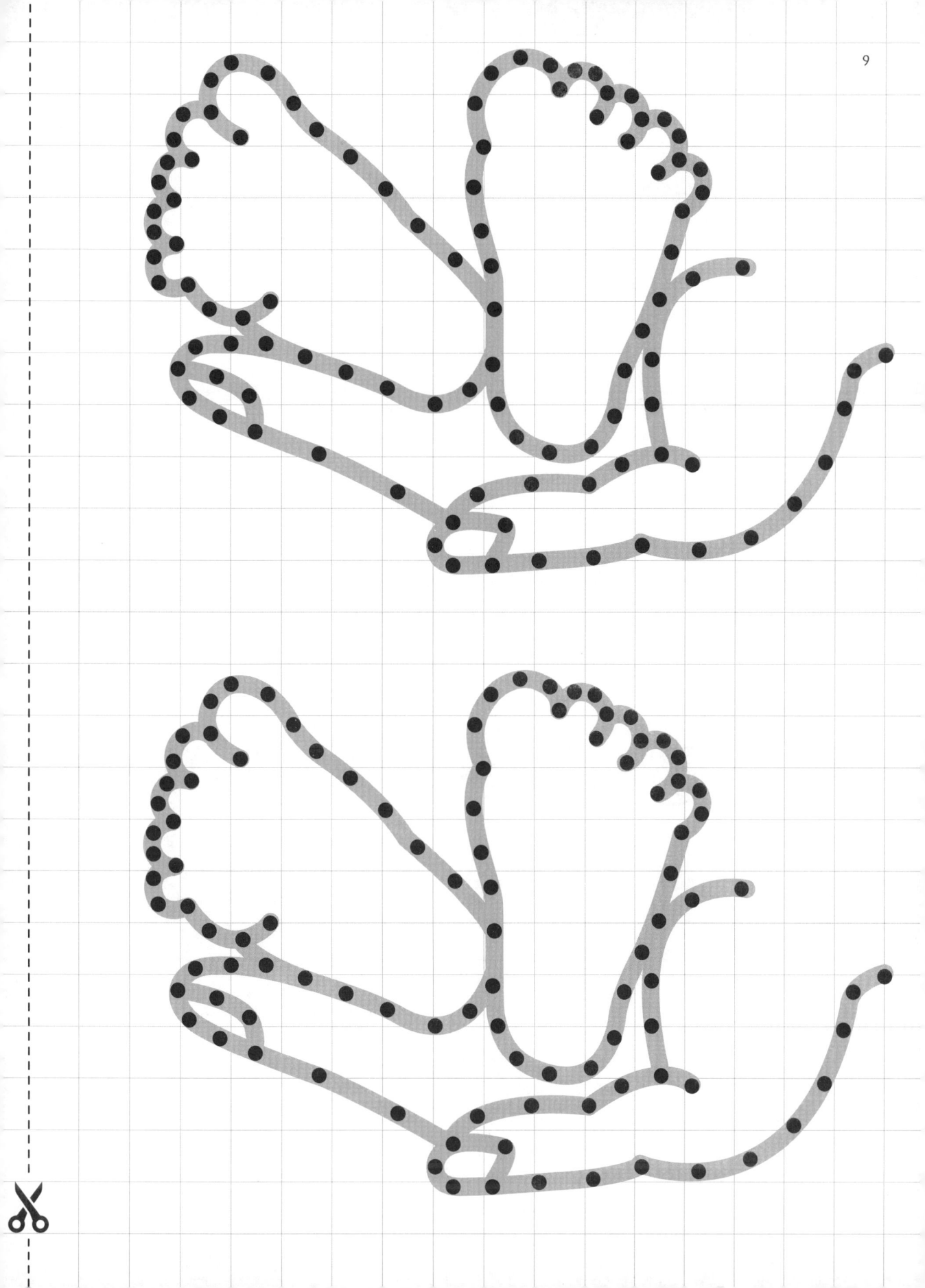

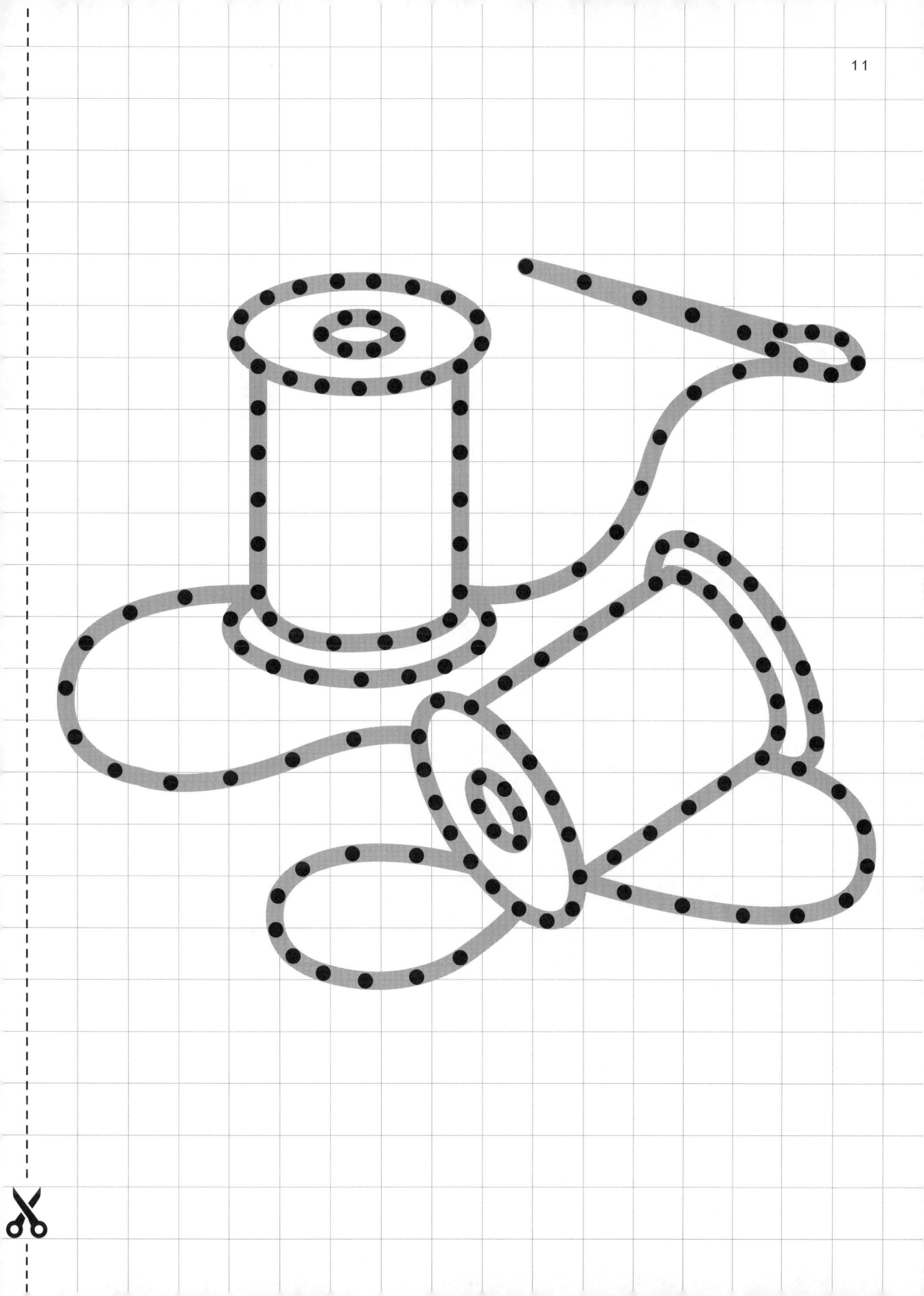

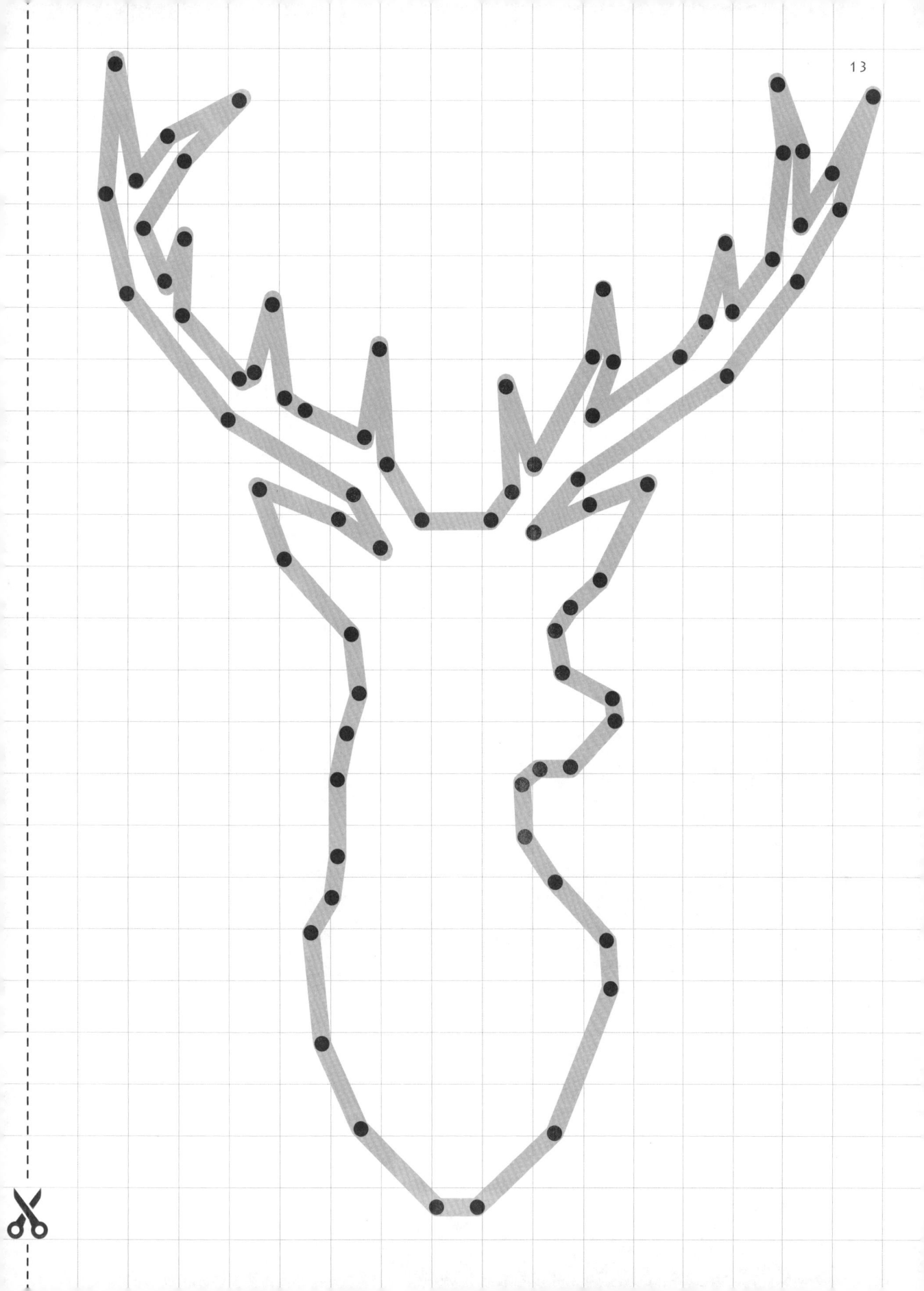

13

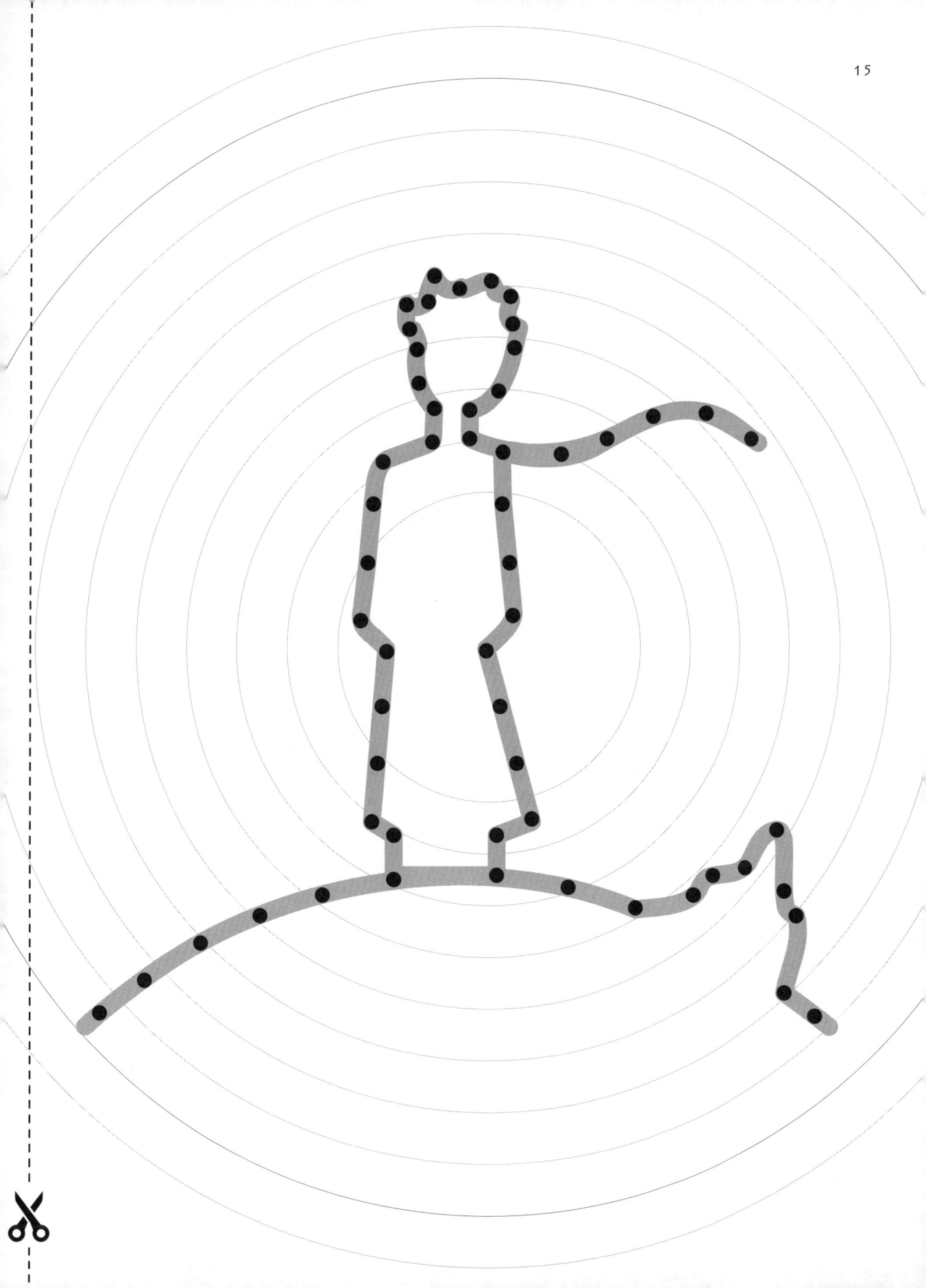

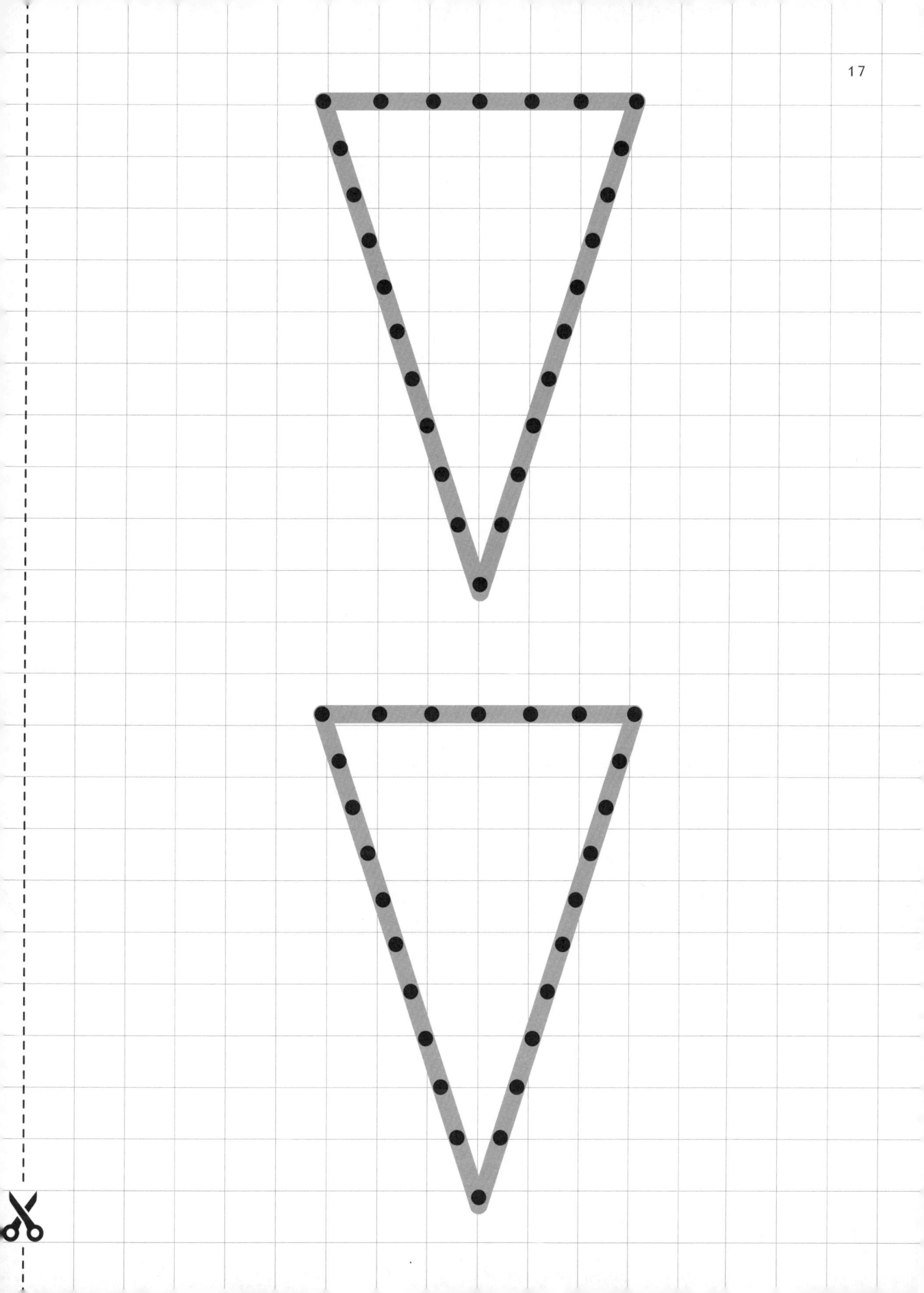

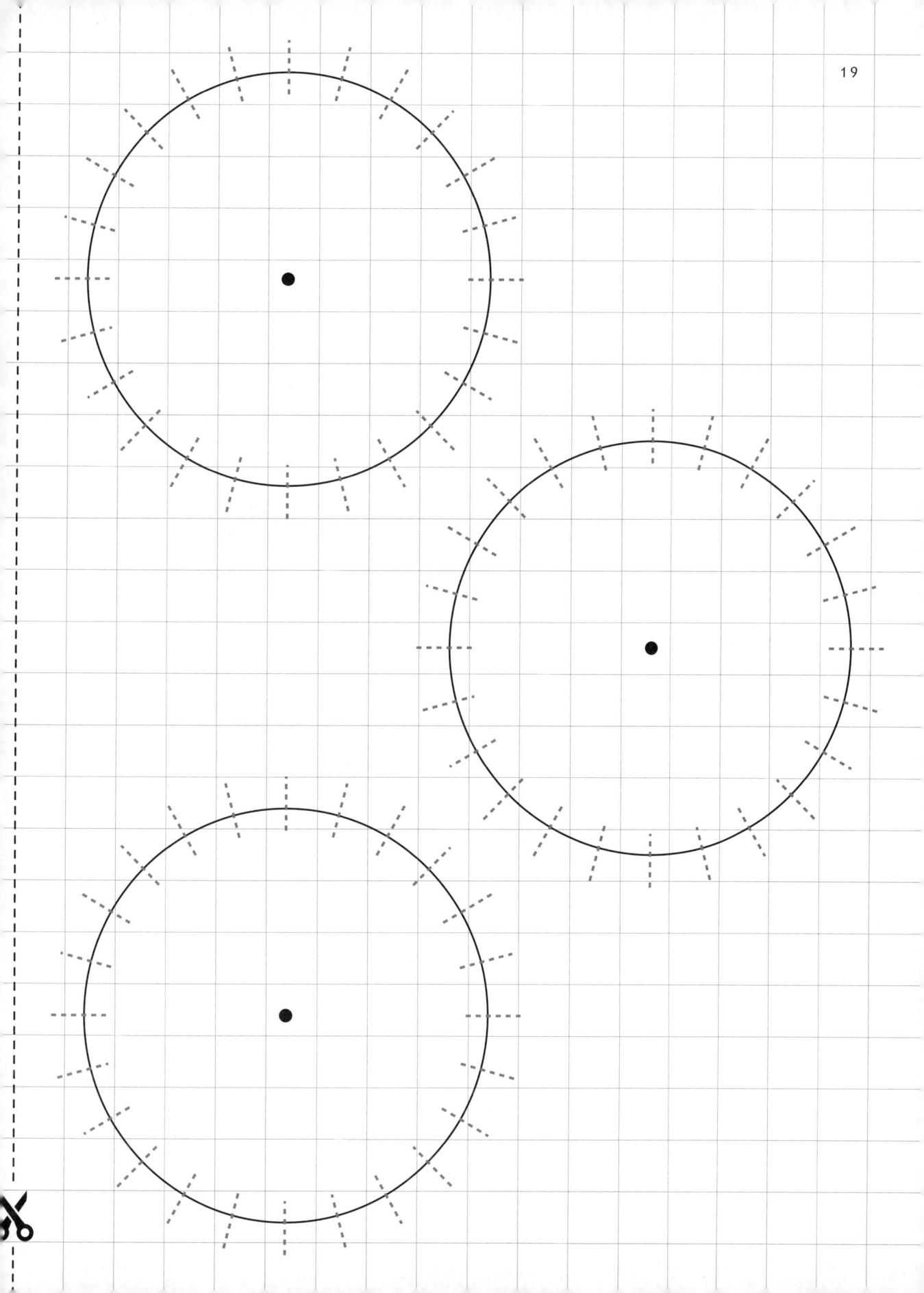

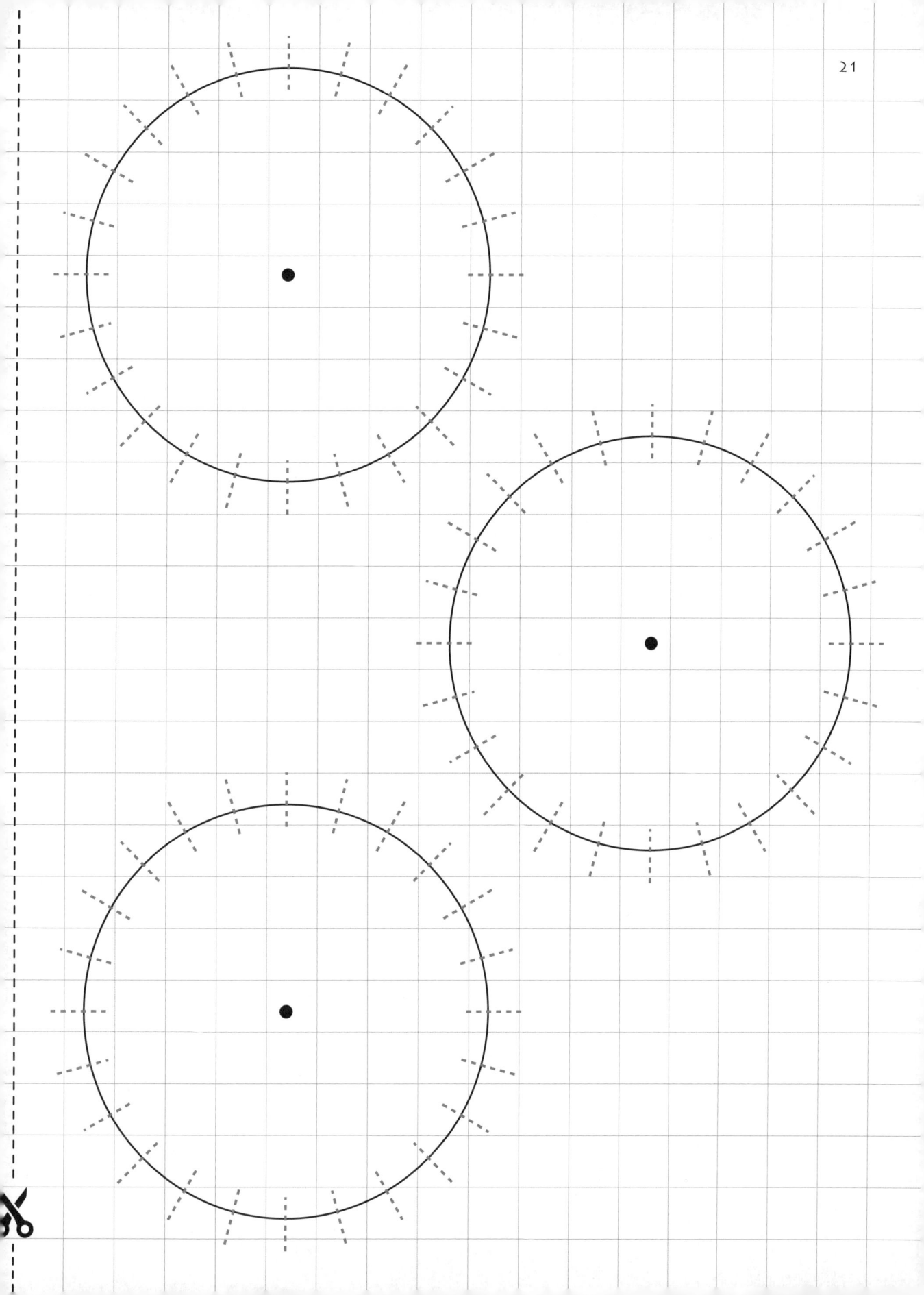

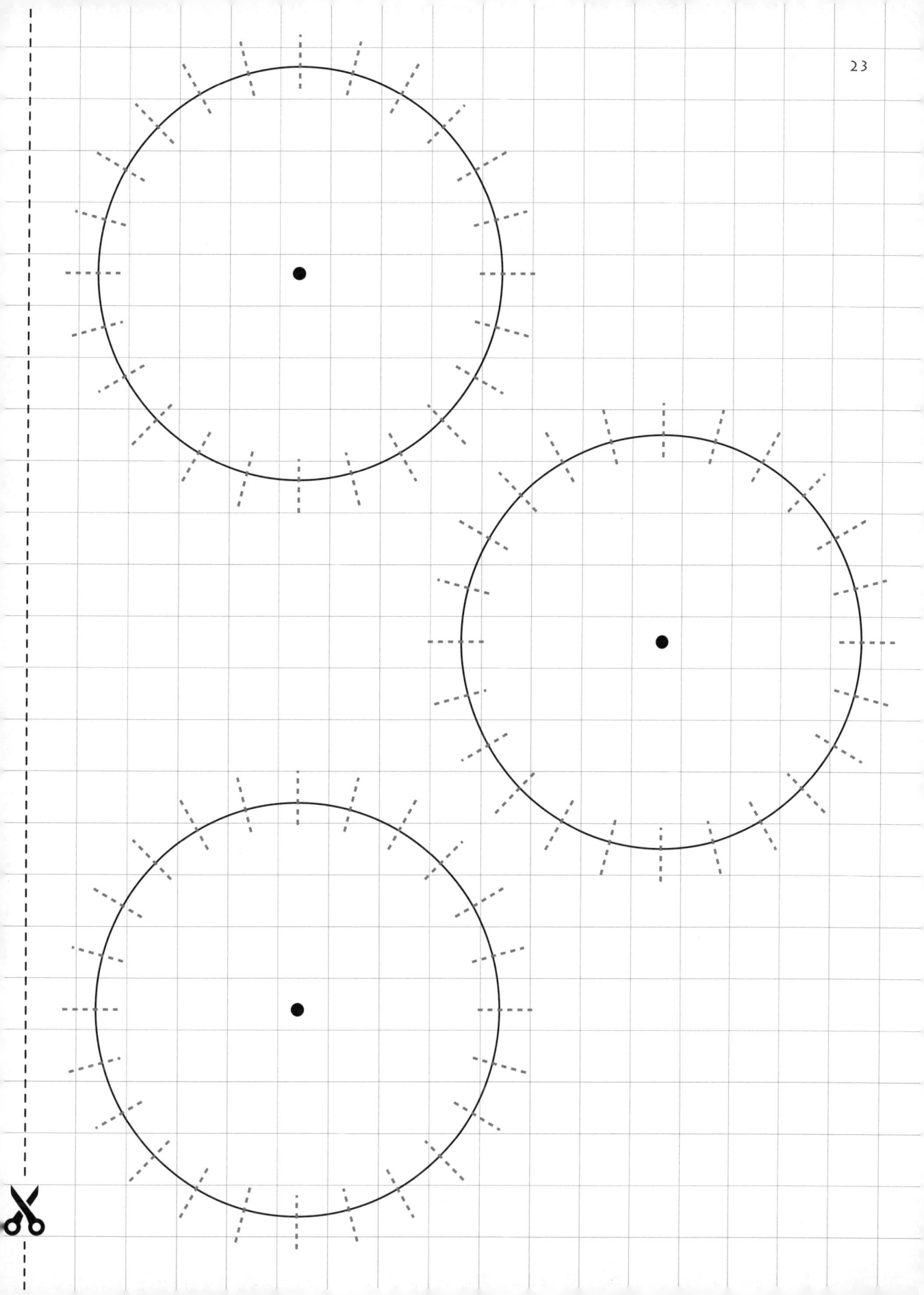

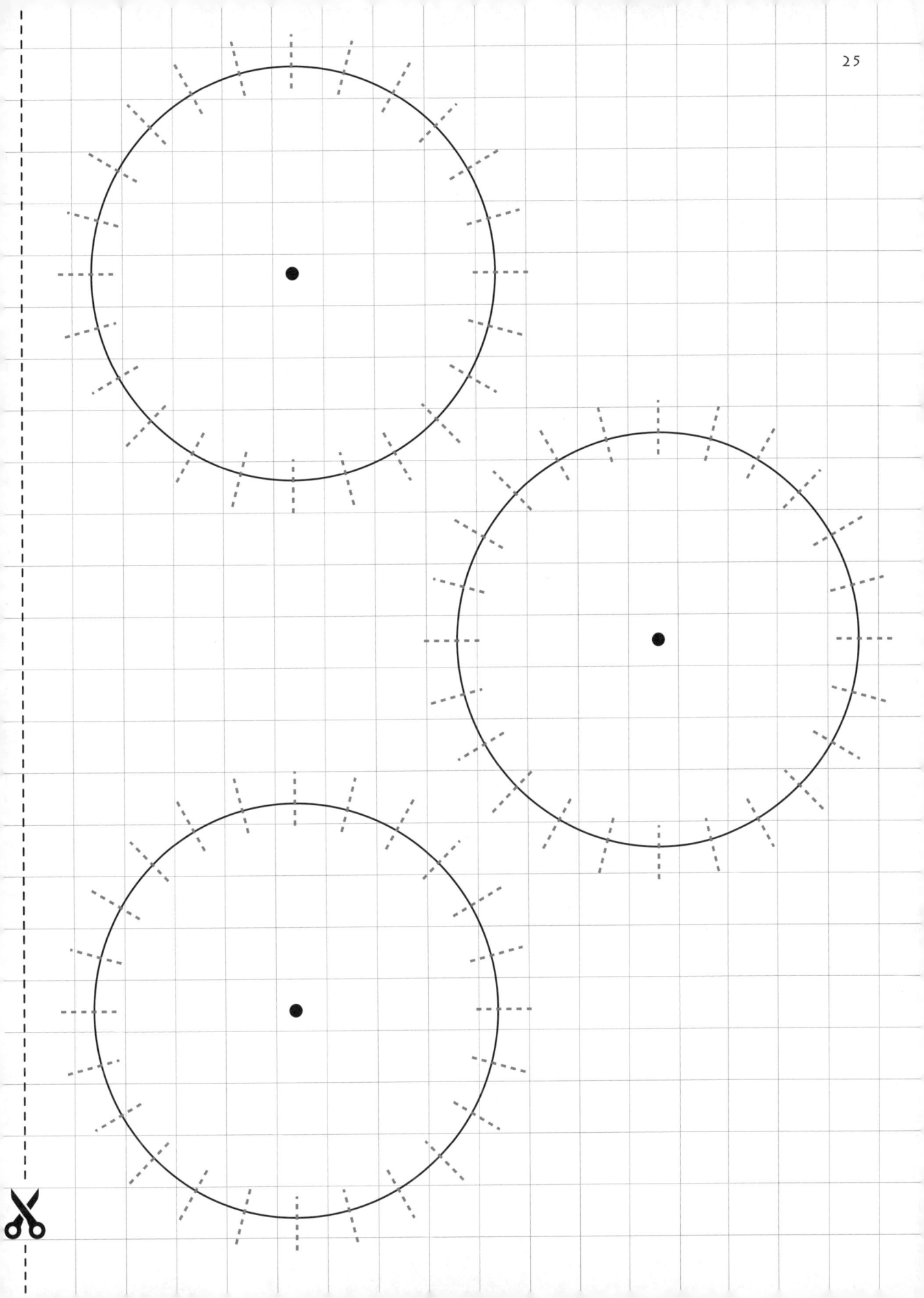

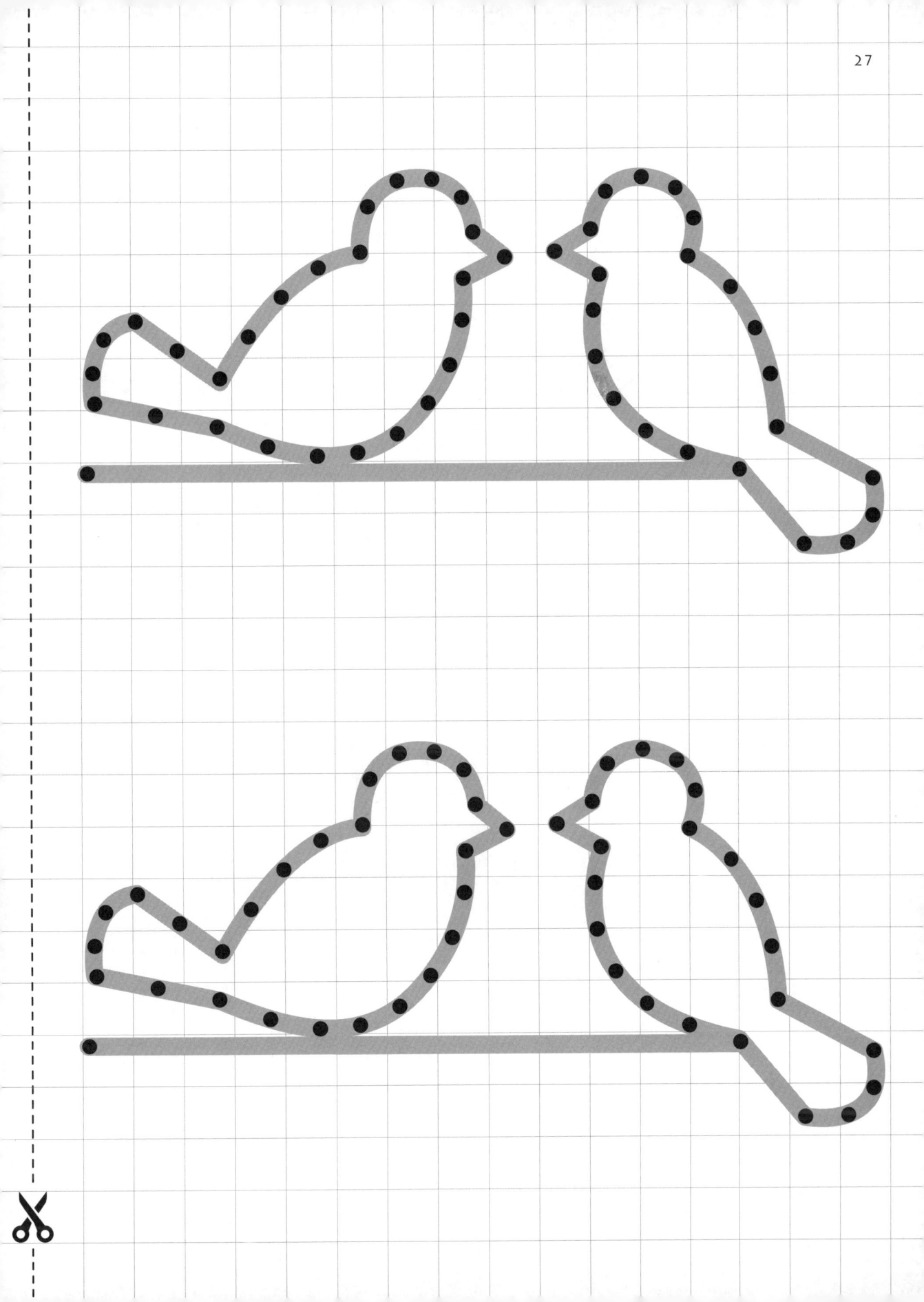

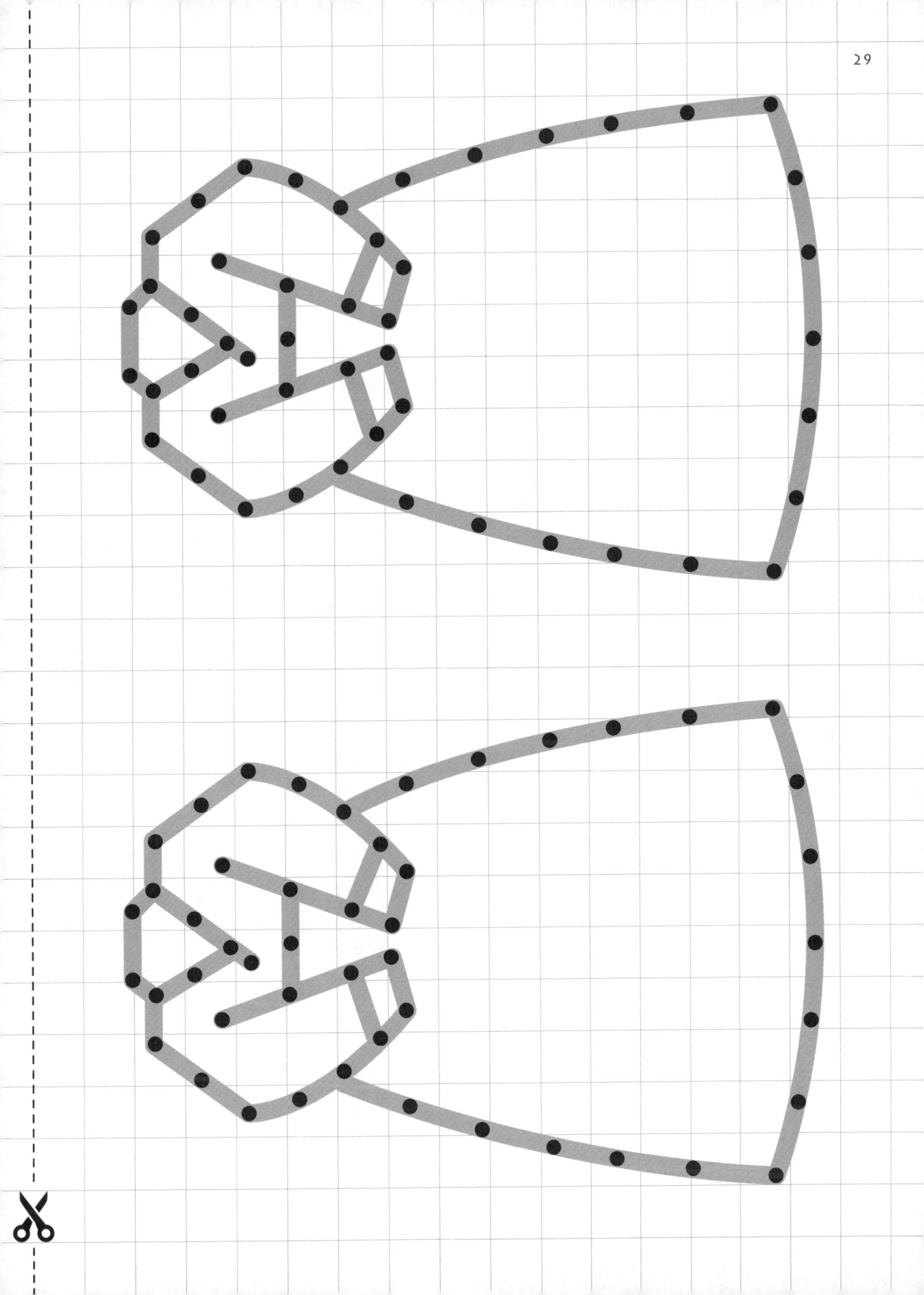

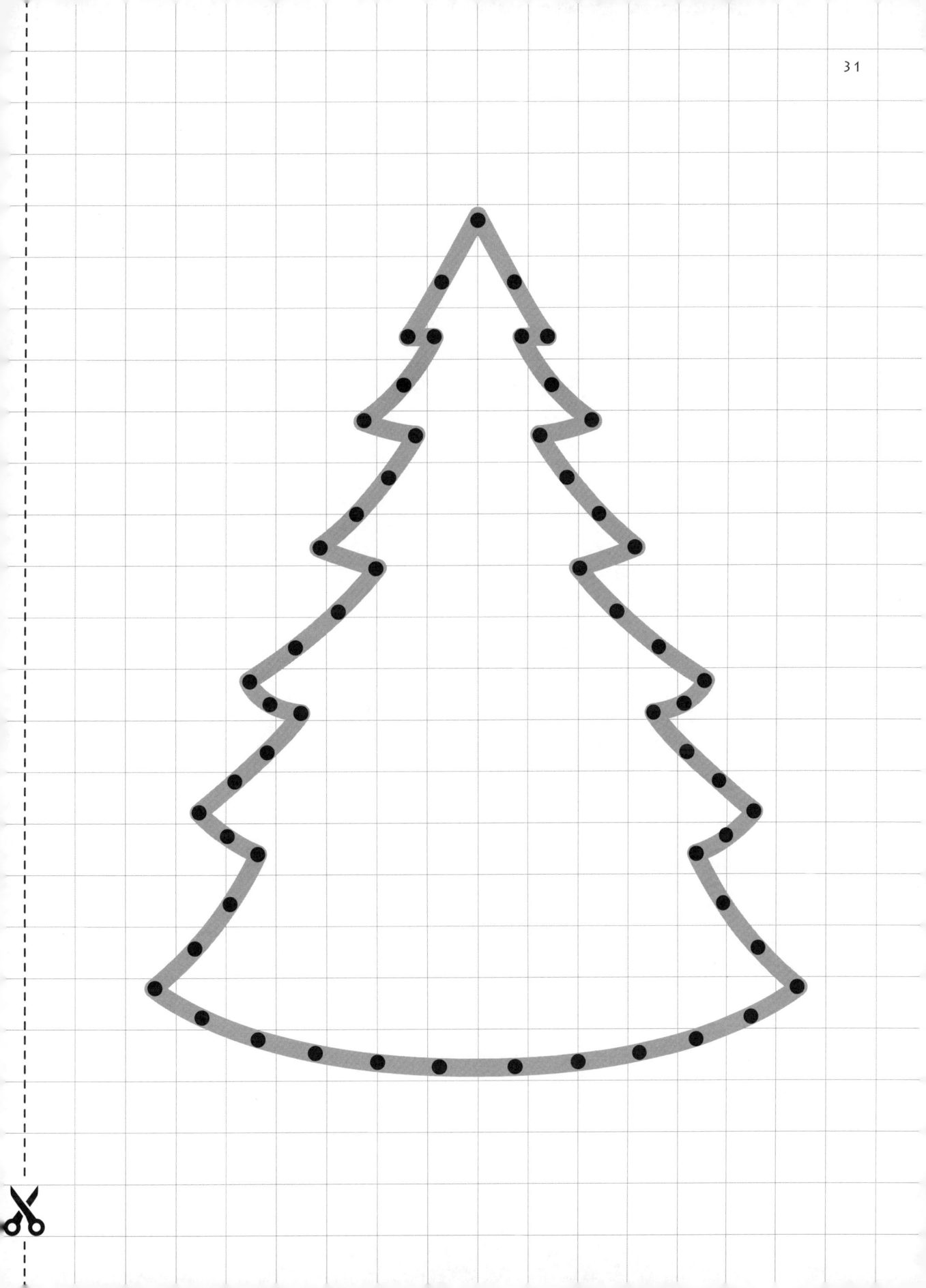

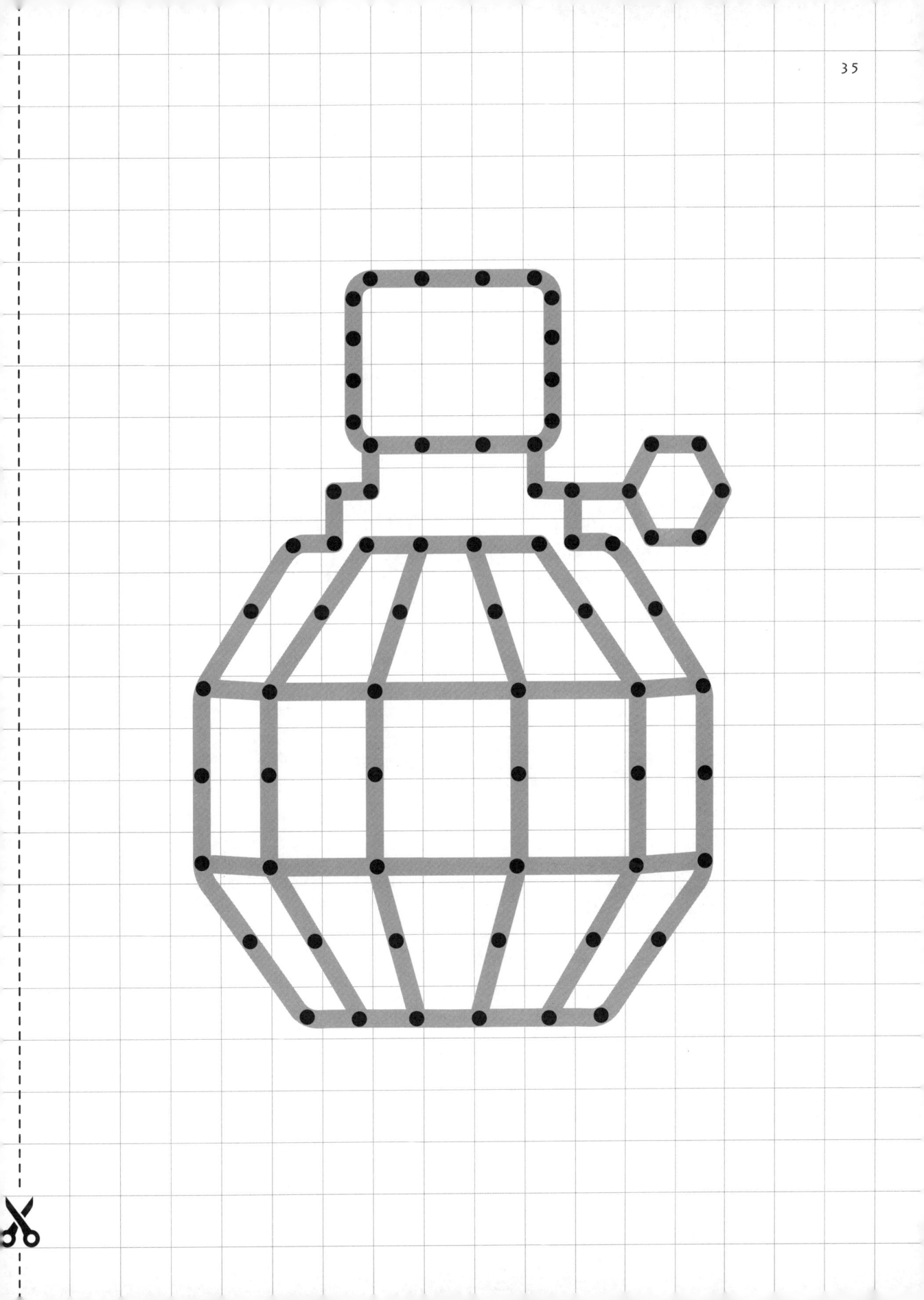

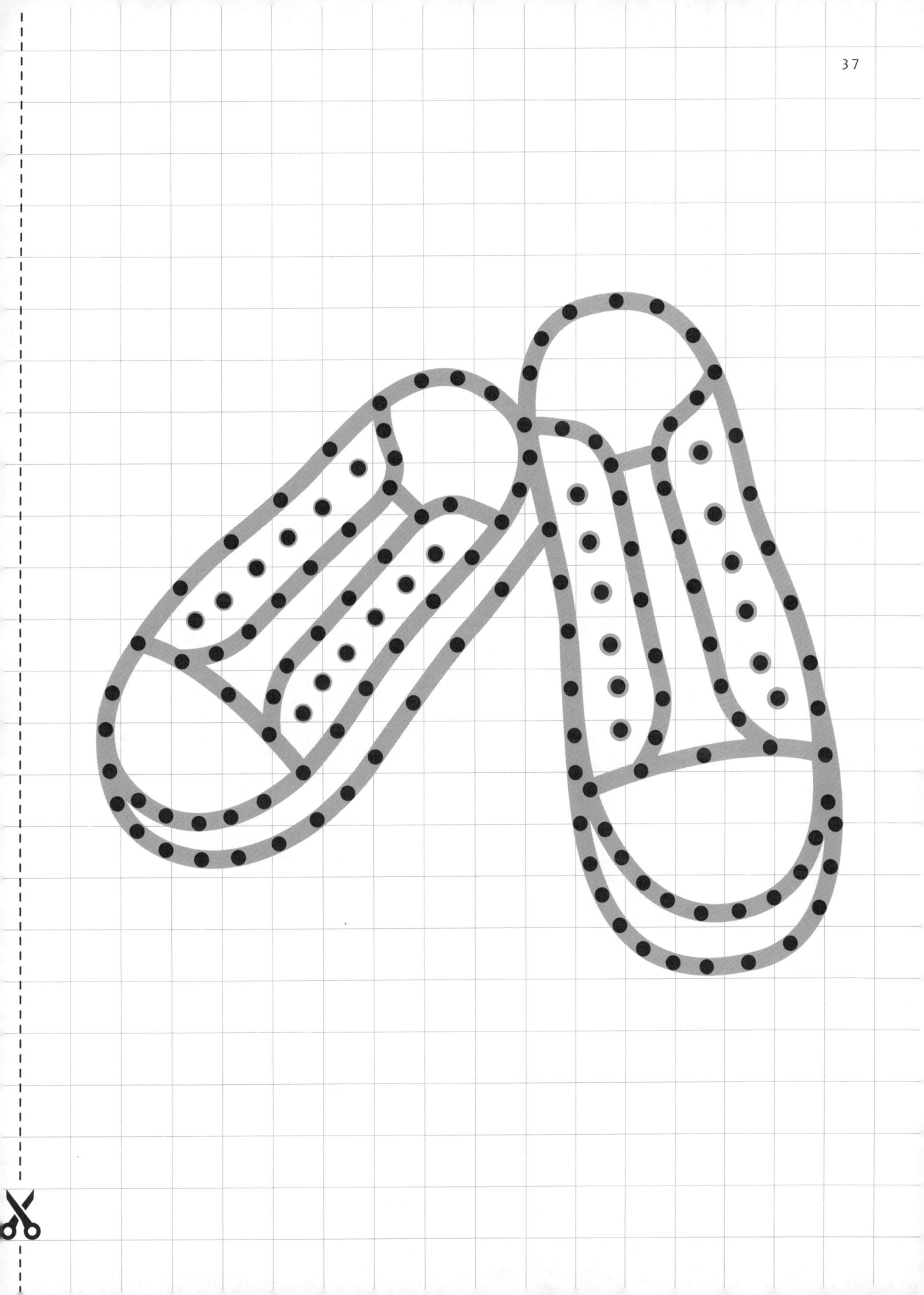

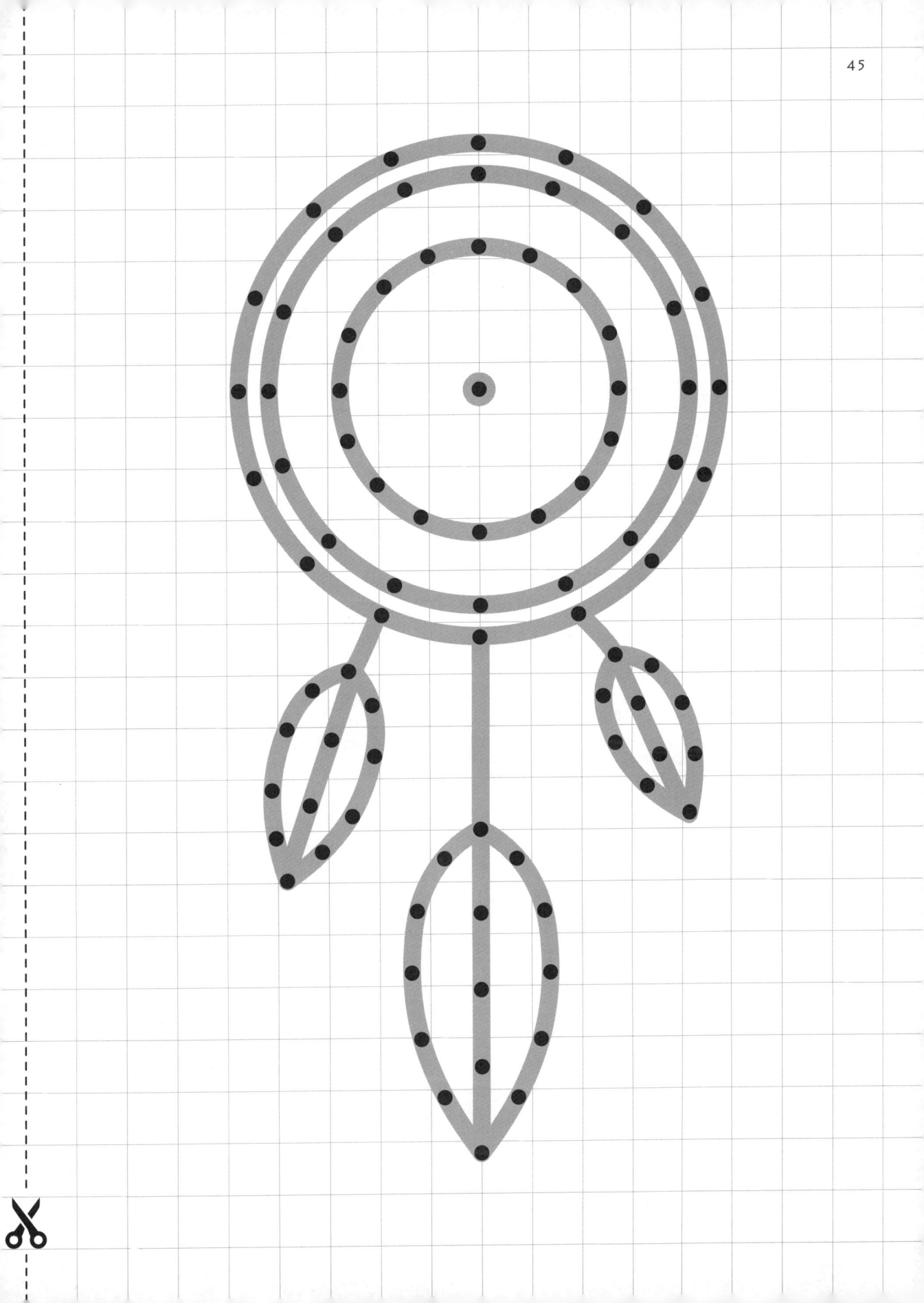

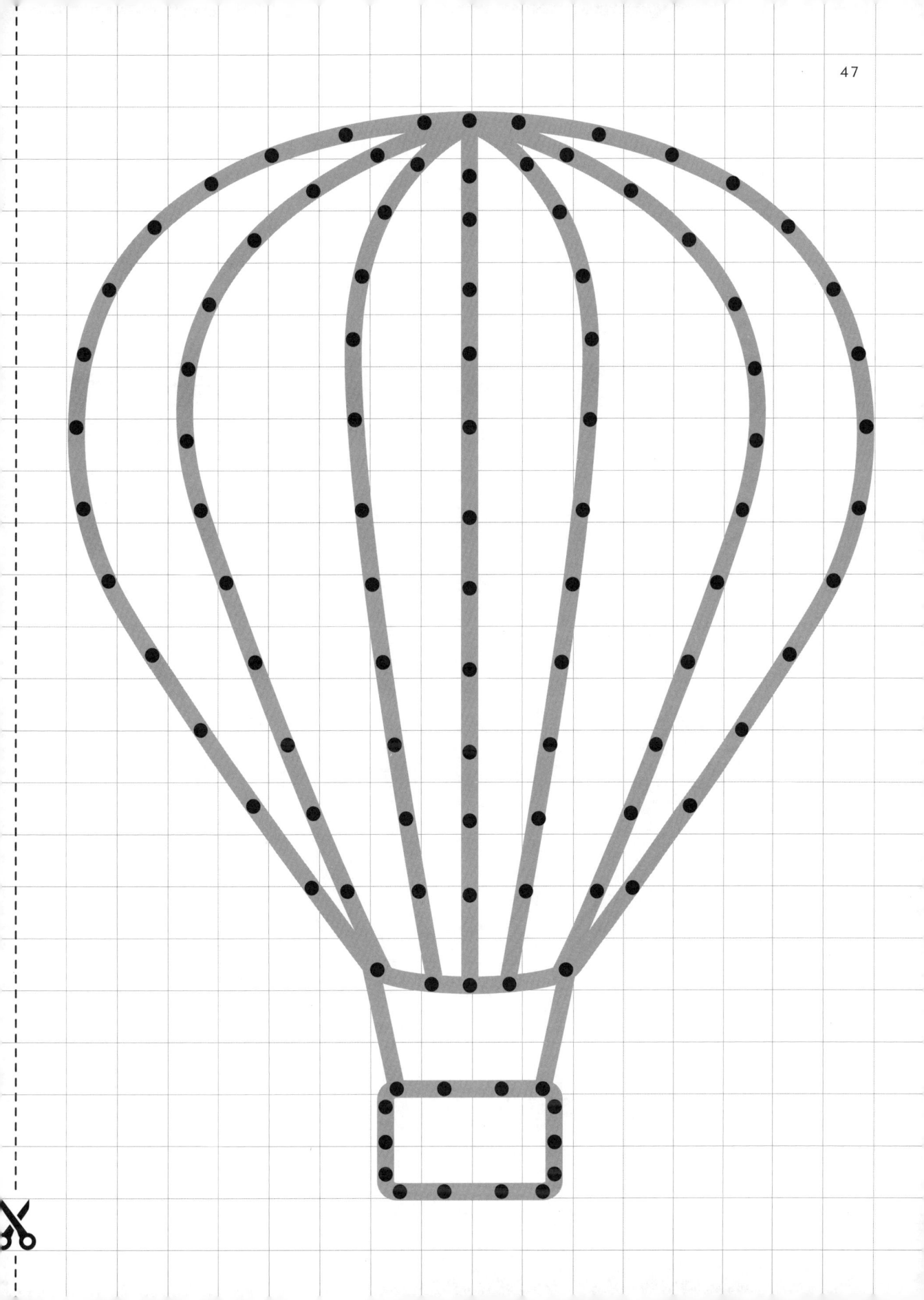

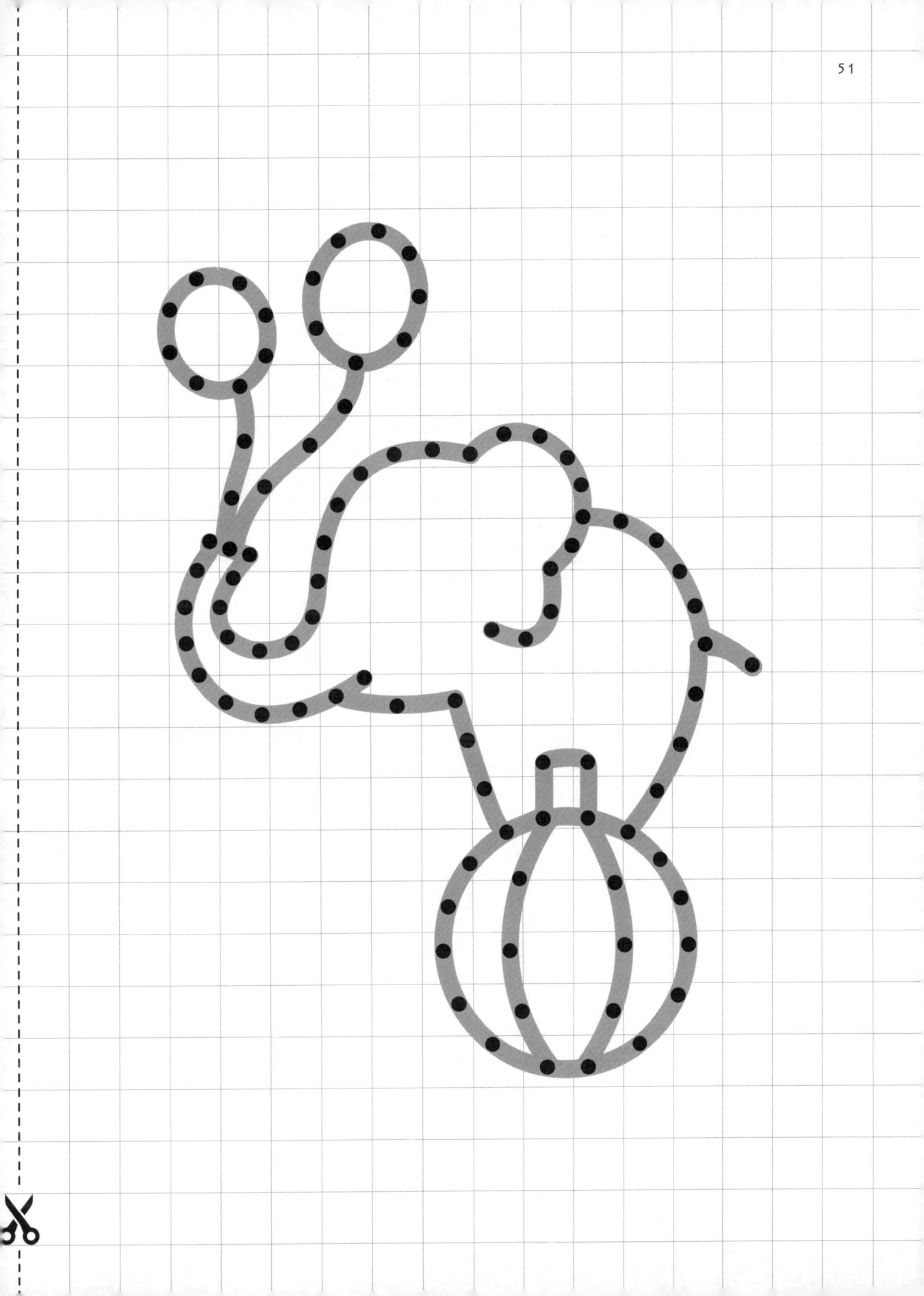

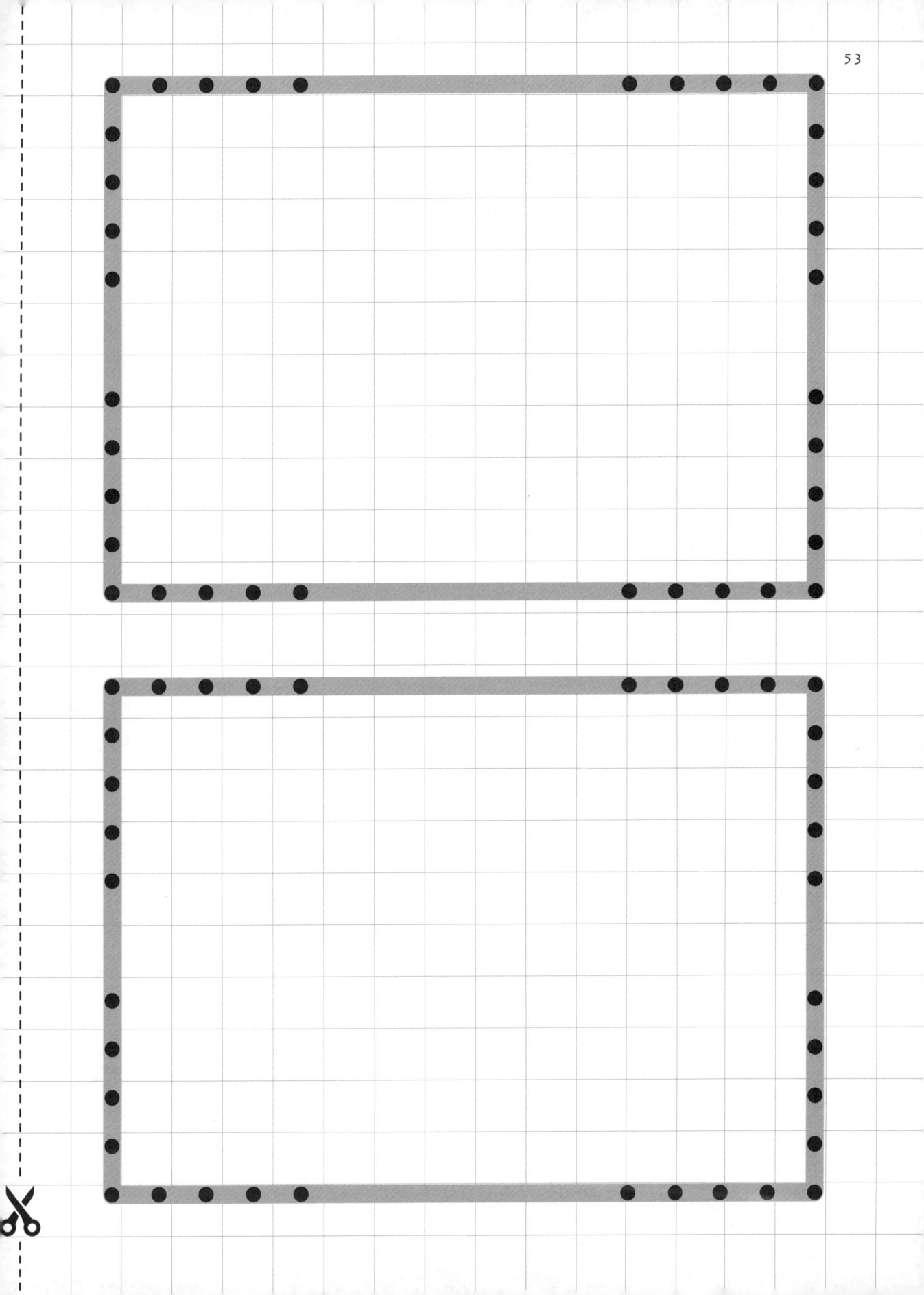

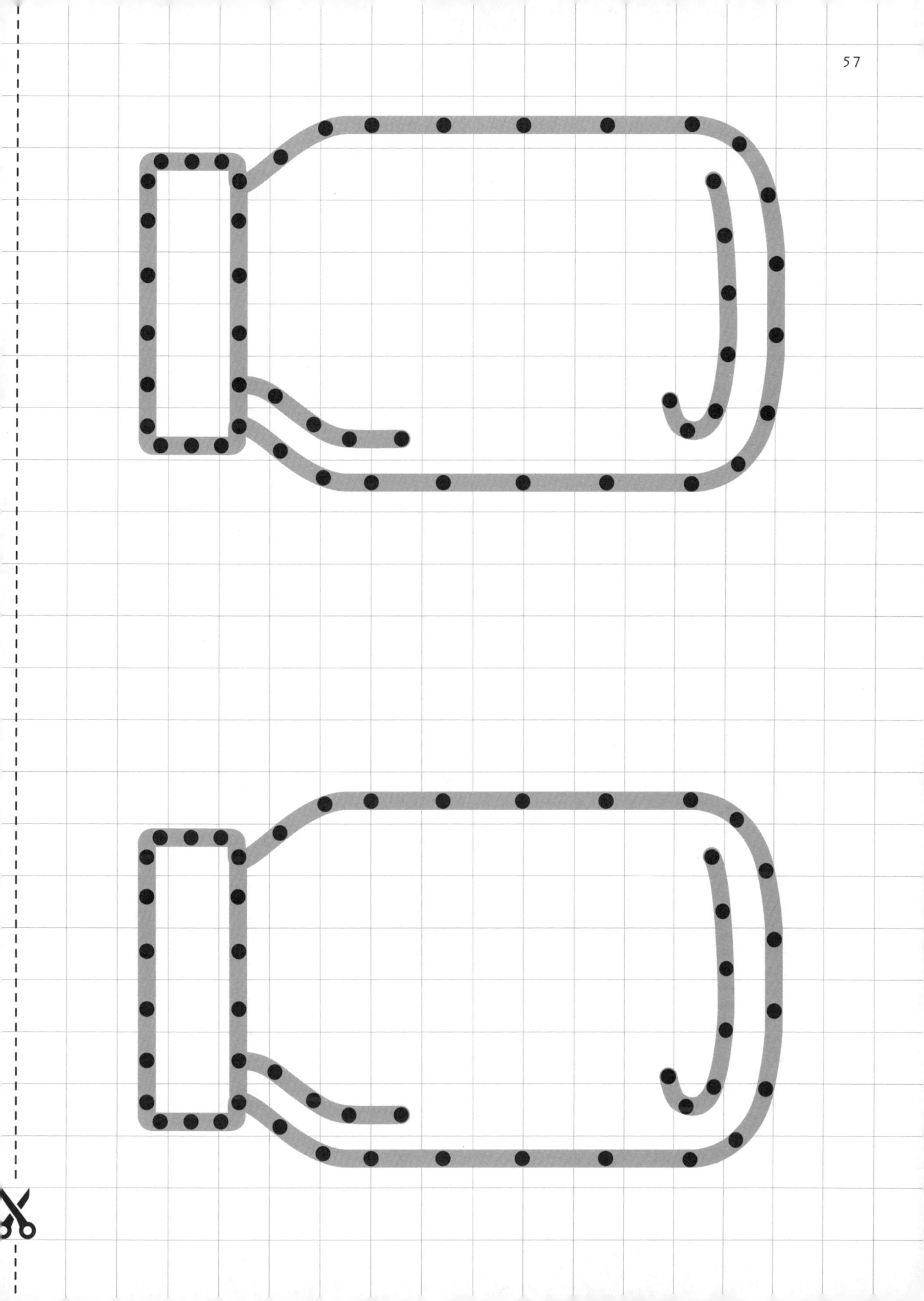

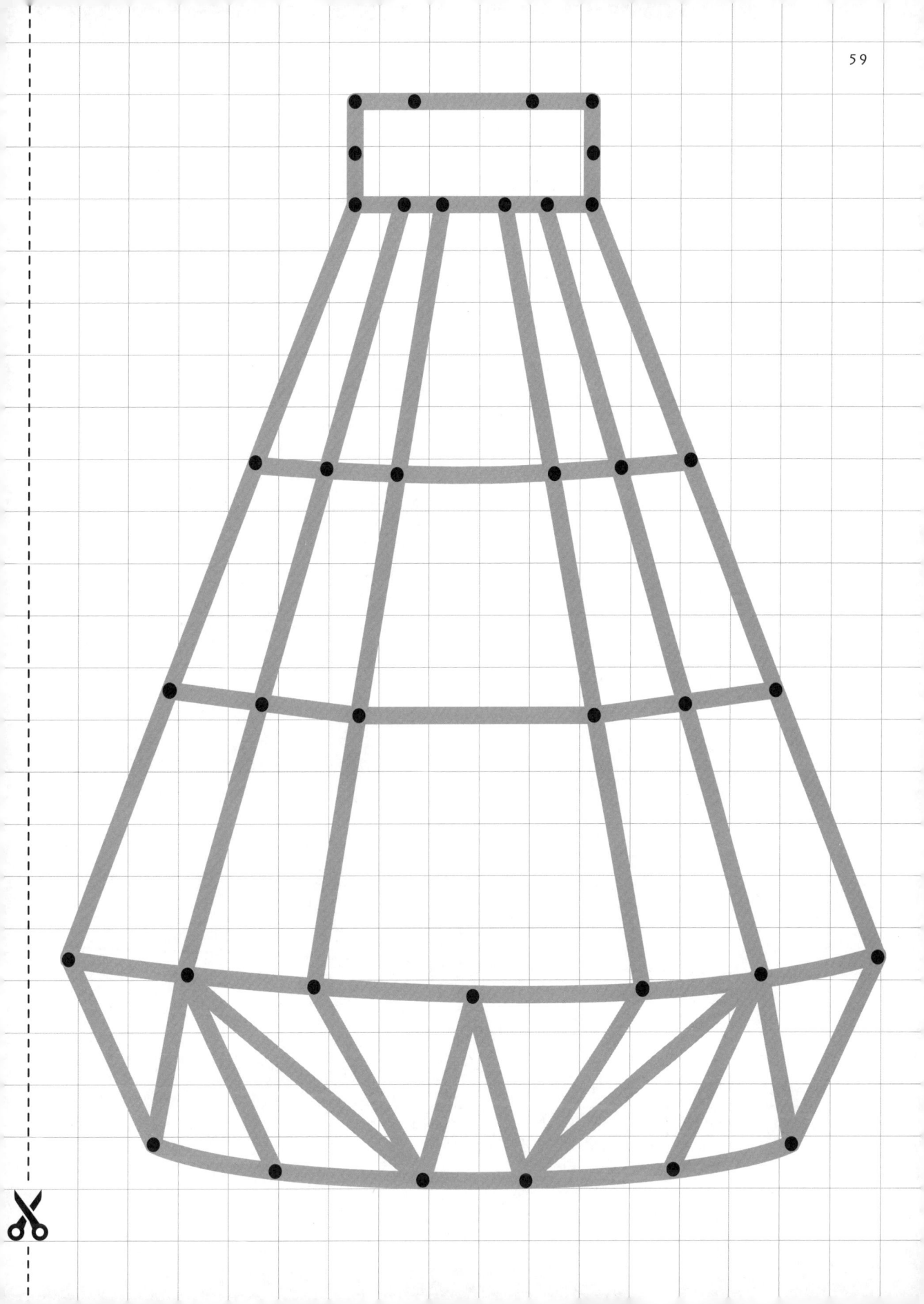

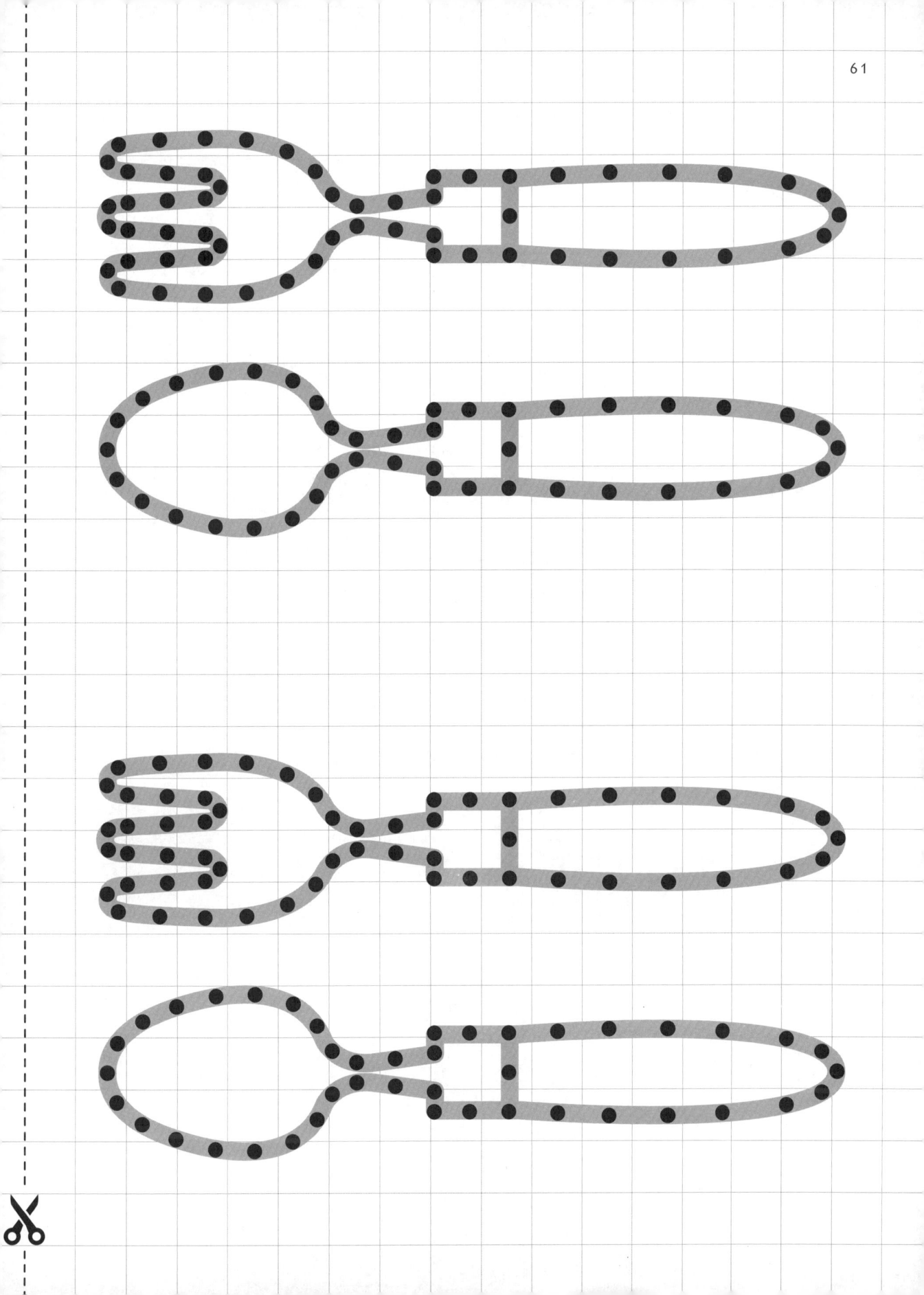

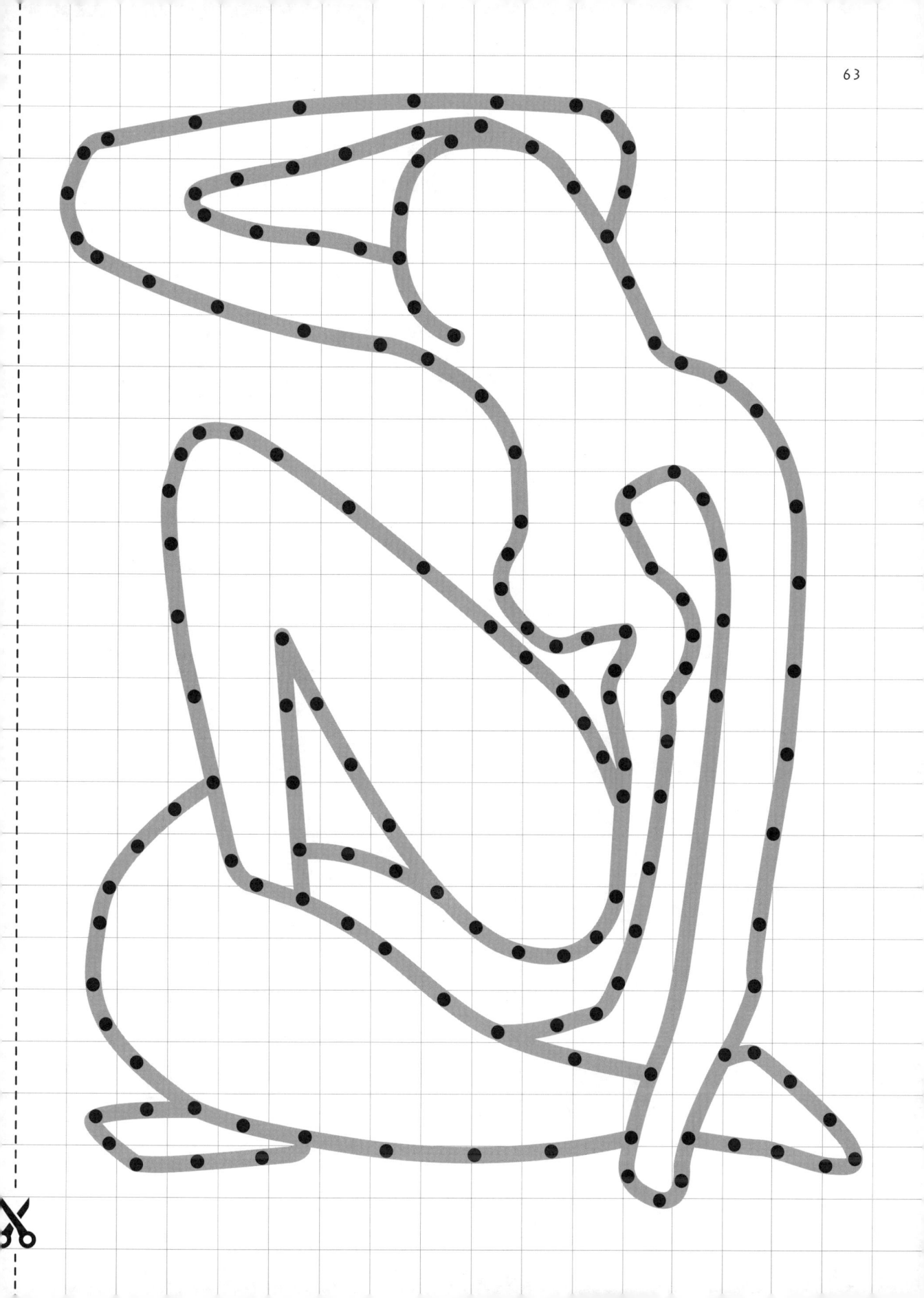

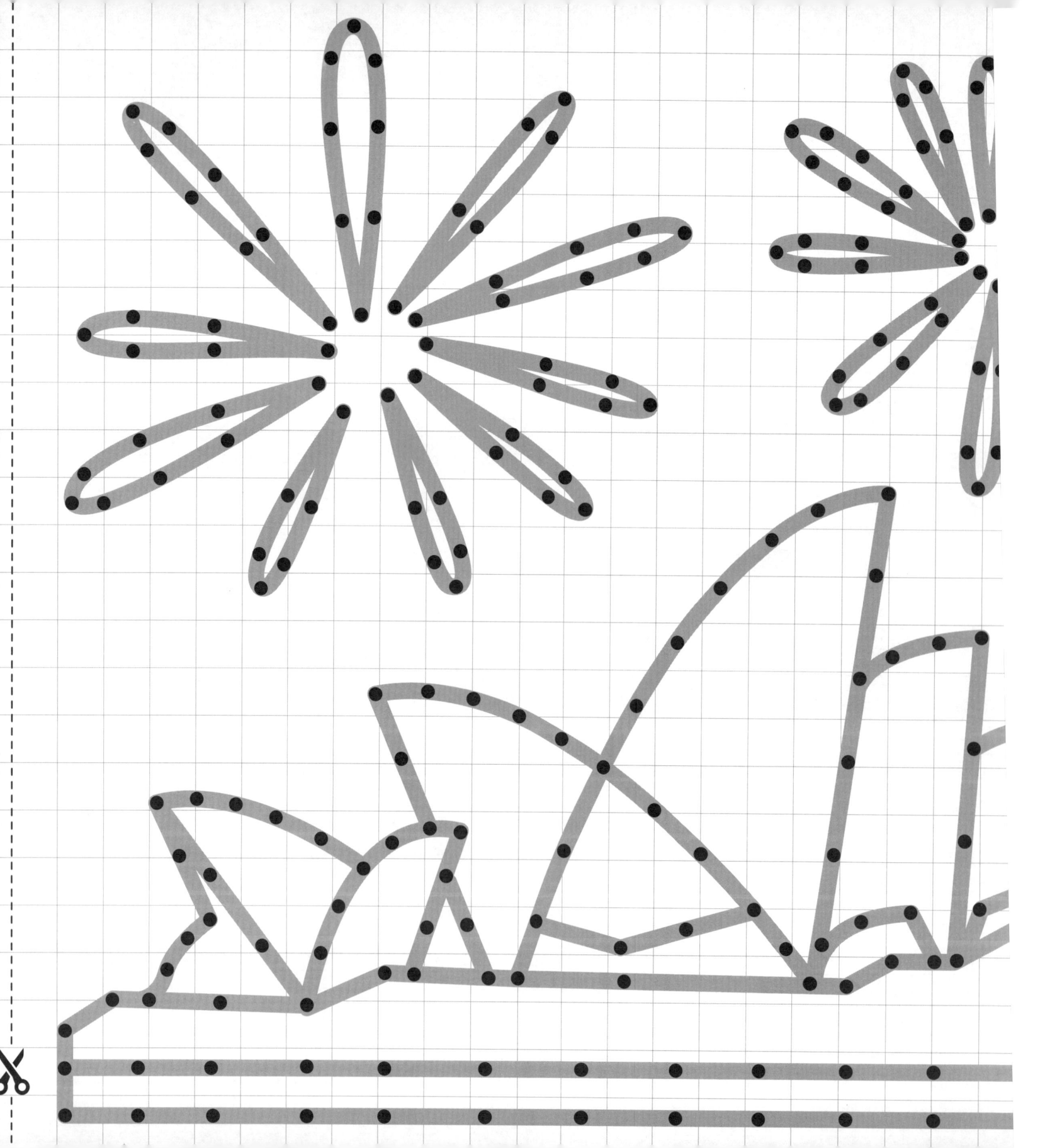